DE LA

PRONONCIATION

ET DE

L'ORTHOGRAPHE

FRANÇOISES.

PAR EUGÈNE LONEUX,

Professeur de Grammaire générale à l'École centrale du
Département de l'Ourthe.

Pour faire suite à sa *Grammaire générale*, *appliquée à la*
Langue françoise.

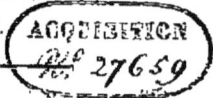

La parole peint les idées, l'écriture peint la parole.

PRIX : 60 centimes.

A LIEGE,

DE L'IMPRIMERIE DE L. BASSENGE.

AN VIII.

DE LA
PRONONCIATION
ET DE
L'ORTHOGRAPHE
FRANÇOISES.

COmme l'ORTHOGRAPHE est l'art de représenter la PRONONCIATION par certains caractères, conformément à l'usage adopté chez une nation; et que ces deux choses ont entre elles une liaison intime, nous allons traiter de toutes les deux : d'abord de la prononciation, c'est-à-dire, des sons vocaux usités dans la langue françoise; ensuite de l'orthographe, c'est-à-dire, des lettres et caractères dont on se sert pour représenter ces sons.

Des sons de la voix usités dans la langue françoise.

Dans toute langue, on distingue deux sortes de sons vocaux, savoir, des *voyelles* et des *consonnes* : les voyelles sont les sons qui se forment par le passage du son vocal à travers les différentes FORMES que nous donnons à notre bouche pendant l'émission de la voix; les consonnes sont les sons qui se forment par les différentes *touches*, et les différens *sifflemens*, produits par certains MOUVEMENS de la langue, des lèvres et de la gorge, dont on peut accompagner l'émission d'une voyelle.

Comme les voyelles se forment par le son vocal traversant notre bouche *disposée* de telle ou telle manière, nous pouvons faire durer à volonté une voyelle quelconque , en conservant la même forme et le même degré d'ouverture de la bouche ; de même qu'on peut faire durer à volonté un son d'un instrument à vent en continuant de souffler dans son embouchure : mais les consonnes étant produites par certains *mouvemens* de la langue , des lèvres et de la gorge , dont on accompagne l'émission des voyelles , elles peuvent bien être *répétées* , en répétant le mouvement qui les produit , mais elles ne peuvent pas être *prolongées* , non plus que les mouvemens dont elles sont l'effet : voilà pourquoi les voyelles peuvent être *longues* ou *brèves* , au lieu que les consonnes ne peuvent qu'être *instantanées*.

Les voyelles peuvent être prononcées sans consonne ; mais les consonnes ne peuvent pas l'être sans voyelle ; car , comme un joueur de flûte qui remueroit les doigts sur les trous de son instrument , ne produiroit aucun son s'il ne souffloit pas dans l'embouchure , de même on feroit faire à sa langue , à ses lèvres , etc. tous les mouvemens requis pour prononcer des consonnes , ces mouvemens ne produiroient aucun son , ne feroient aucun effet sur l'oreille , s'ils n'étoient pas accompagnés de quelque voyelle. Une consonne ne devient *audible* , ne peut *sonner* , que lorsqu'elle est accompagnée d'une voyelle ; voilà pourquoi on lui a donné ce nom de *consonne*, qui veut dire , *sonnant ensemble*.

Des voyelles.

Nous avons dit que les voyelles sont les différens sons que nous formons au moyen des différentes formes et des différens degrés d'ouverture que nous donnons à notre bouche pendant l'émission, le passage du son vocal.

Voici tous les sons voyelles usités dans la langue françoise.

a {	bref, tel qu'on le prononce dans ces mots :	patte , lame.
	long, tel qu'il est dans	pâte , âme.
è ouvert {	bref	trompette.
	long	tempête.

é fermé . . . . pré, été.

e sourd . . . . me, te, se.

i { bref . . . . lime, mite.
{ long . . . . abîme, gîte.

o ouvert { bref . . . . hotte, Rome, idole.
{ long . . . . globe, lobe, cor.

o fermé, qui est toujours long . . dôme, rôle, enjôler.

u { bref . . . . lutte, mule, plume.
{ long . . . . . . flûte, je brûle, nous lûmes.

ou { bref . . . . loup, poule, boule.
{ long . . . . voûte, moule, pouce.

eu ouvert { bref . . . . . œuf, heurter, peuple.
{ long . . . . œuvre, mœurs, cœur.

eu fermé { bref . . . . jeu, feu.
{ long . . . . . . jeûne (s. m.) meule.

Outre ces onze voyelles, que nous appellerons *pures*, nous avons dans notre langue une espèce particulière de voyelles, qui n'existent dans aucune autre langue de l'Europe. Ces voyelles, particulières à notre langue, sont nos quatre *nasales*,

an, telle qu'on la prononce dans . . . . . *an*, banc.

ain, ... main, bain.

on, ... son, don.

un, ... un, brun.

Remarquez que dans notre langue, nous avons des voyelles, (telles, par exemple, que *ou*, *eu*) que nous représentons par une combinaison de *plusieurs* lettres, faute de caractères *simples* qui nous manquent pour marquer ces sons ; mais ces voyelles n'en sont pas moins des sons aussi simples, aussi élémentaires que *a*, *e*, *i*, *o*, *u* : c'est un défaut de notre orthographe de n'avoir pas autant de *caractères simples* qu'il y a de *sons simples* dans notre langue. De même, nos quatre voyelles nasales, quoique nous les représentions par une voyelle suivie d'une *m* ou d'une *n*, doivent aussi

A 3

être considérées comme des voyelles vraiment *simples*; puisqu'elles ne sont autre chose que le produit de certaines voyelles que l'on fait retentir dans le nez; et qu'elles peuvent, aussi bien que les voyelles que nous avons appelées pures, être prolongées à volonté: cependant les musiciens doivent éviter de mettre sur ces voyelles nasales, des notes longues, des fredons, des ports-de-voix, attendu que ces sons déplaisent à l'oreille lorsqu'ils sont prolongés.

Des. consonnes.

Nous avons dit que les consonnes sont produites par les différentes *touches*, et les différens *mouvemens* des diverses parties de l'instrument vocal, dont l'émission d'une voyelle peut être accompagnée.

Les différentes touches et mouvemens des *lèvres* produisent les consonnes *labiales*, savoir: B, P, M, V, F, W, (1).

Les différentes touches et mouvemens de la *langue* produisent les consonnes *linguales*, savoir : D, T, N, L, R, Z, S, J, Ch, (2), Y, (3).

La touche et le mouvement du *gosier* produisent les consonnes *gutturales*, savoir : G, (4), Q, H.

Outre cette division qui classe les consonnes d'après les touches et les mouvemens des différentes parties de l'organe de la parole qui les produisent, on peut encore classer les consonnes sous deux autres divisions générales, savoir :

---

(1) Voyez p. 31.

(2) La consonne *ch*, que nous représentons dans l'orthographe françoise par deux lettres réunies (*c* et *h*) faute d'un caractère simple, existe dans la plupart des langues modernes, où elle est représentée aussi par une réunion de plusieurs lettres; mais dans chacune de ces langues, par une réunion différente : l'italien la représente par *sc*, l'anglois par *sh*, l'allemand par *sch*. Cette consonne n'existe ni dans le latin, ni dans le grec.

(3) Tel qu'on le prononce dans *naïade*, *yeux*, *taïaut*, &c.

(4) Remarquez qu'il s'agit ici du *g* tel qu'on le prononce dans: *gain*, *goût*, et non pas du *g* tel qu'on le prononce dans : *gîte*, *gêne*.

1°. En tant qu'elles sont *articulées* ou *aspirées* ;

2°. En tant qu'elles sont *variables* ou *invariables*.

Les consonnes *articulées* sont celles que nous formons par les différens *contacts* ou attouchemens des diverses parties de l'instrument vocal : nous avons dans notre langue dix consonnes articulées, savoir : B, P, M, D, T, N, L, R, G, Q.

Les consonnes *aspirées* sont celles qui se forment, non par le contact, mais par l'espèce de *sifflement* produit par le son ou le souffle passant entre certaines parties de l'organe de la parole, au moment de leur rapprochement. Nous avons neuf consonnes aspirées, savoir : V, F, Z, S, J, Ch, W, Y, H.

Les consonnes *variables* sont celles dont la même articulation se divise en *douce* et en *forte*. Nous avons, en françois, douze consonnes variables, savoir, six douces et six fortes, comme il suit :

| Douces | B, | V, | D, | Z, | J, | G. |
| Fortes | P, | F, | T, | S, | Ch, | Q. |

Sur quoi remarquez, 1°. que la première ligne horizontale est composée de toutes consonnes *douces* ; la deuxième de toutes consonnes *fortes* : 2°. que chaque consonne *forte* est placée sous sa corrélative *douce*, chacune se prononçant par le même mécanisme de l'instrument vocal que sa corrélative ; avec cette seule différence que la *douce* se prononce avec du *son*, au lieu que la *forte* se prononce avec du *souffle*.

Les consonnes *invariables* sont celles dont la même articulation ne se partage pas ainsi en *douce* et en *forte*. Nous avons dans notre langue sept consonnes invariables, savoir : M, N, L, R, W, Y, H.

Les six premières (m, n, l, r, w, y,) sont *douces*, car elles se prononcent avec du *son* ; mais elles n'ont pas leurs corrélatives *fortes*, ainsi que b, v, d, z, j, g, qui ont p, f, t, s, ch, q, pour corrélatives fortes.

De ces consonnes invariables, il n'y a que le *H* qui soit une consonne *forte*.

Enfin, on peut classer les consonnes en *orales* et en *nasales*. Il n'y a que deux consonnes nasales, savoir, M, N; on les appelle *nasales*, parce que leur son passe en effet par le *nez*, ainsi qu'on le verra tout-à-l'heure. Toutes les autres consonnes sont appelées *orales*, parce que leur son passe pur par la *bouche*, sans recevoir aucune modification nasale.

DE LA MANIÈRE DONT L'INSTRUMENT VOCAL FORME LES SONS,

Formation des voyelles.

NOUS avons dit que les voyelles sont le produit du son vocal diversement modifié, pendant son passage, par les différens degrés d'ouverture de notre bouche, et par les différentes *positions* que nous fesons prendre à notre langue et à nos lèvres. Nous allons expliquer en détail la manière dont se forment les voyelles françoises.

L'A, se forme par le son vocal traversant la bouche bien ouverte, tandis que la langue est couchée sur la partie inférieure du dedans de la bouche.

L'È ouvert, se forme par le même mécanisme que l'*a*, excepté que pour former l'*è* on soulève un peu la langue.

L'É fermé, se forme par le même mécanisme que l'*è*, excepté que pour former l'*é*, on rétrécit davantage l'ouverture par où passe le son, en rapprochant davantage la langue du palais.

L'I, se forme par le même mécanisme que l'*é*, excepté que pour prononcer l'*i*, la langue se rapproche encore davantage du palais, et ne laisse passer le son que par la plus petite ouverture possible. De manière que, par ce rapprochement progressif de la langue, l'ouverture va se rétrécissant de l'*è* à l'*é*, et de l'*é* à l'*i*.

L'O fermé , est produit par le son qui traverse la bouche pendant que les lèvres forment une ouverture ronde.

L'O ouvert , est produit par le même mécanisme que le précédent , excepté qu'il faut élargir un peu plus l'ouverture ronde que forment les lèvres.

L'OU, se forme par le même mécanisme que l'*o* fermé, excepté qu'il faut rétrécir davantage l'ouverture des lèvres. De manière que l'ouverture des lèvres va se rétrécissant de l'*o* ouvert à l'*o* fermé, et de celui-ci à l'*ou*.

L'EU fermé , se forme par le même mécanisme que l'*o* fermé, excepté que, pour prononcer l'*eu* fermé, il faut soulever un peu la langue. L'*eu* fermé est à l'*o* fermé comme l'*è* est à l'*a*.

L'EU ouvert, se forme par le même mécanisme que l'*eu* fermé , excepté que pour prononcer l'*eu* ouvert, il faut élargir un peu plus l'ouverture des lèvres. L'*eu* ouvert est à l'*o* ~~ouvert comme~~ l'*eu* fermé ~~est à l'o fermé~~ *comme l'o ouvert est à l'o fermé.*

L'U, se forme par le même mécanisme que l'*ou*, excepté que pour prononcer l'*u*, il faut soulever un peu la langue, et par-là rétrécir l'ouverture par où passe le son. L'*u* est à l'*ou* comme l'*eu* fermé est à l'*o* fermé.

L'E sourd , se forme par le son vocal traversant la bouche négligemment entr'ouverte, et sans que ni la langue, ni les lèvres prennent aucune part à sa formation.

L'AN	est	un *a*	
L'AIN	. . .	un *è*	que l'on fait retentir dans le *nez*.
L'ON	. . .	un *o*	
L'UN	. . . .	un *eu*	

DE LA FORMATION DES *CONSONNES*.

Formation des consonnes labiales.

Nous avons en françois six consonnes *labiales*, savoir : b , p , m , v , f , w , dont les trois premières, b , p , m , sont des consonnes *articulées ;* les trois dernières , v , f , w , sont des consonnes *aspirées.*

- Les labiales articulées , b , p , m , se forment toutes les trois par le même mécanisme , savoir , par le *contact* des deux lèvres ; mais avec cette différence que le *b* est accompagné de *son,* au lieu que le *p* est accompagné de souffle : l'*m* est comme le *b* accompagnée de *son,* mais le son de l'*m* passe par le *nez,* au lieu que le son du *b* passe par la bouche ; ce qui a fait dire ingénieusement à l'abbé Dangeau , que l'*m* est un *b* passé par le nez.

Les labiales *aspirées,* v , f , w , se forment ainsi qu'il suit. Le *v* se forme par le *son,* l'*f* par le *souffle* passant entre la lèvre inférieure , rapprochée des dents supérieures , de manière à ne laisser qu'une fissure par où le son ou le souffle ne puisse passer qu'en sifflant. Le *w* est formé par le son passant entre les deux lèvres dans l'instant intermédiaire du mouvement de leur rapprochement et de celui de leur séparation , (voyez p. 31).

Formation des consonnes linguales.

Nous avons , dans notre langue , dix consonnes *linguales,* savoir , d , t , n , l , r , z , s , j , ch , y , dont les cinq premières sont des consonnes articulées , et les cinq dernières des aspirées.

Les linguales articulées , d , t , n , se forment toutes les trois par le même mécanisme , savoir , en touchant le palais avec la langue , de manière à boucher hermétiquement et ouvrir ensuite le passage du son ou du souffle. Le *d* diffère du *t*, en ce que le *d* est accompagné de *son*, au lieu que le *t* est accompagné de *souffle ;* l'*n* diffère du *d* en ce que le son de l'*n* passe par le *nez*, au lieu que le son du *d* passe par la bouche : en sorte que l'*n* n'est, comme l'a encore dit Dangeau, qu'un *d* passé par le nez.

Le même rapport qui existe entre les *linguales* articulées . . . . D, T, N, existe entre les *labiales* articulées . . B, P, M.

Les deux autres linguales articulées, *l*, *r*, se forment ainsi qu'il suit : l'*l* en touchant le palais avec le bout de la langue , et laissant passer le son par ses deux côtés latéraux : l'*l* diffère du *d* en ce que, pour prononcer celui ci, la langue ferme hermétiquement le passage de la voix , au lieu qu'en prononçant l'*l*, le bout de la langue ne fait que toucher le palais sans intercepter le passage du son. L'*r* se forme par le frémissement du bout de la langue contre le palais, frémissement que produit le passage violent du son, tandis que le bout de la langue touche très-légèrement le palais.

Les linguales aspirées, *z*, *s*, *j*, *ch*, *y*, se forment ainsi qu'il suit : le *z* se forme par le *son*, l'*s* par le *souffle* passant entre le palais et le bout de la langue avancé vers l'extrêmité antérieure du palais. Le *j* se forme par le *son*, le *ch* par le *souffle* passant entre le palais et le bout de la langue un peu plus retiré vers le milieu du palais. La consonne *y* se forme par le son passant entre le palais et la langue dans l'instant intermédiaire du mouvement de leur rapprochement et de celui de leur séparation. La consonne *y* diffère de la voyelle *i*, en ce que le *y* est le produit d'un certain *mouvement*, au lieu que l'*i* est le produit d'une certaine *position* de la langue pendant le passage du son ; de sorte qu'en *continuant* cette *position*, on peut *prolonger* à volonté la voyelle *i ;* au lieu que le *y* , étant le produit d'un certain *mouvement* de la langue , il peut bien être *répété*, en répétant ce mouvement, mais il ne peut pas être *prolongé*, non plus que le mouvement dont il est le produit, et qui est nécessairement *instantané*. Il en est de même de la consonne *w*, comparée à la voyelle *ou* : celle-ci peut être *prolongée* à volonté, puisqu'elle est l'effet d'une certaine *disposition* des lèvres pendant le passage du son ; mais la consonne *w* ne peut qu'être *répétée*, puisqu'elle est l'effet d'un certain *mouvement* des lèvres.

Formation des consonnes gutturales.

Nous avons, dans notre langue, trois consonnes gutturales, savoir, g, q, h, les deux premières *articulées* et la dernière *aspirée*.

Les gutturales articulées, g, q, se forment en fermant et ouvrant l'orifice du gosier au moment du passage du son ou du souffle : on articule un *g*, si c'est au moment du passage du *son* ; on articule un *q*, si c'est au moment du passage du *souffle*.

La gutturale aspirée *h* n'est que la simple expulsion du *souffle* sortant du gosier, sans recevoir aucune modification d'aucune partie de l'organe de la parole.

DE L'ORTHOGRAPHE FRANÇOISE

OU

DE LA MANIÈRE DONT NOUS REPRÉSENTONS
PAR L'ÉCRITURE LES SONS DE NOTRE LANGUE.

De la manière d'orthographier les voyelles.

A

L<small>A</small> voyelle *a* s'écrit,

1°. Par la lettre *a*, comme dans ces mots : patte, matin, cache, tache (souillure) bailler (donner, livrer ; en style de pratique).

2°. Quand cette voyelle est longue, on la représente ordinairement par un *â* marqué d'un accent circonflexe ; comme dans ces mots : *pâte* dont on fait du pain, mâtin (espèce de chien) âge, tâche (ouvrage, travail imposé) bâiller de sommeil, âne, blâme, mâle ; nous chantâmes, vous chantâtes, on vouloit qu'il chantât, grâce, crâne, mânes, (s. pl.) âme, fâme, infâme, câble, râble, pâle, hâle, râle, âtre, plâtre rougeâtre (et tous les autres adjectifs en *âtre*) bât, mât de vaisseau, dégât, appât, hâte, râpe, gâche, de la mâche, lâche, un goût *âcre*, âpre, câpre, bâffre, âffres, (s. pl.) hâve, châsse, (caisse ou coffre où l'on garde les reliques de quelque saint) la débâcle, câlin, bâbord, bâtard, bâton, râteau, gâteau, château, [bateau, batelier, bateleur] (1) gâchis,

---

(1) Remarquez que les mots qui sont renfermés entre des crochets *carrés* [.....] sont une exception, ou bien forment un contraste avec les mots qui les précèdent immédiatement. Les mots qui sont entre des crochets arrondis (.....) expliquent le sens ou indiquent la prononciation du mot qui les précède immédiatement.

pâtis , châssis , râtelier , mâchoir , pâmoison ,
châtain , châtaigne , pâture , gâter , tâter , lâcher ,
bâcler , tâcher , fâcher , mâcher , gâcher , râper ,
blâmer , pâmer , bâtir , pâtir , châtier , châtrer.

3°. La voyelle *a* s'écrit par la lettre *e* dans ces mots:
femme , hennir , nenni , solennel (pron. *solanel*)
solennité (pron. *solanité*) indemnité (prononcez
indame-nité) indemniser (pron. *indame-niser*).

É *fermé.*

La voyelle *é* s'écrit ,

1°. Par un *é* marqué d'un accent aigu, comme dans
ces mots : été, pré, pétrir, résonner (retentir)
égayer (rendre gai) récolte, récoler, récolement,
réconfort, récuser, rélaxer, réprimer, réprimande,
irréprochable [reprochable], réprouver , rébus
[rebut] rébarbatif, répugner, réjouir , récréer ,
rédondance, rémouleur, se récrier, réconcilier ,
réchaud, réchauffer, rétorquer, révolte [rebelle]
réfugié [refuge] se rédimer , rétrécir , répréhen-
sible , irrépréhensible, réclamer , répondre , répliquer, récit, répit [repic] répéter , répandre
[se repentir] répartition , répartir (partager) [repartir (répliquer, ou partir derechef)] régénérer,
dépécer, céler, recéler [déceler] dénier, (v. pron.
en trois syllabes) [denier, (s. prononcez en
deux syllabes)] decevoir, interpréter, pécher
(commettre des péchés) crécelle, prévôt, félou-
que, férule, félon, sémillant, génisse, gélinotte,
péroraison, péristile, débris, désir (ou desir)
séquestre, séné, séquelle, décret, déjà [depuis]
anémone, carénage, secrétaire, débonnaire, bénin,
sujétion, léger, cadavéreux, véreux, vélin, [velu]
aquéduc, ténacité [tenace] acquérir, requérir,
conquérir [querir] régner, confrérie, fréter un
navire.

2°. Elle se marque par *ai* dans les mots suivans :
aiguille, aiguiser, aisselle, laiton, aiguayer un
cheval, baigner, daigner, une salade de *raiponces*,

une rainette (espèce de pomme) j'ai, je *sais*,
tu *sais*, il *sait*; — Dans la désinence de la première personne singulière du futur : j'ir*ai*, j'aime-
r*ai*, etc.; — Dans la désinence de la première
personne singulière de l'aoriste des verbes en *er :*
j'all*ai*, j'aim*ai*, etc. — Dans : gaîté, aîné.

3°. Elle se marque par un *e* non accentué,

Dans la désinence des substantifs en *er* : bûcher,
pêcher, clocher, berger, gosier, boulanger, etc.
excepté les substantifs : cuiller, enfer, mer,
ver, fer, dont la désinence se prononce *ère.*

Dans la désinence des adjectifs en *er*, grossier,
singulier, altier, etc. excepté, amer, cher, fier,
dont la désinence se prononce *ère.*

Dans la désinence des infinitifs en *er :* aimer,
chanter, aller, se fier, etc. Il faut cependant
remarquer que la désinence de ces infinitifs se
prononce *ère*, quand ils sont immédiatement
suivis d'un mot qui commence par une voyelle,
par exemple :

Chanter agréablement, se pr.	*chanière agréablement.*
Aimer éperduement . . .	*aimère éperduement.*
Se fier à quelqu'un . . .	*se fière à quelqu'un.*
Aller à la promenade . . .	*allère à la promenade.*

Dans la désinence des mots en *ez :* nez, chez,
assez, sonnez, (s.) etc. — Vous chantez, vous
écrivez, etc. (1).

Dans la désinence des mots en *ied :* pied, il
s'assied.

Dans les mots suivans, l'*e* de leur première syllabe se prononce comme un *é* fermé, quoiqu'il
soit sans accent : prescrire, pressentir, presser,
prestige, dessécher, destiner, destituer, des-
cendre, dessein, desservir, dessaler, dessoûler,
desserrer, se dessaisir, dessiller, cesser, tressail-
lir, espérer, essieu, restituer, message, messieurs,
ressusciter, rescinder, rescision.

---

(1) Excepté cependant quelques noms propres en *ez*, où cette
désinence se prononce *éce.* (Voyez p. 41.)

L'*e* de la première syllabe des mots suiva
prononce sourd : ressembler, ressentir, res
ressource, se ressouvenir, ressortir, re
ressemeller, ressasser, dessus, dessous.

4º. La voyelle *é* se marque par *ei* dans les
suivans : n*ei*ger, ens*ei*gner, p*ei*gner, ét*ei*
s*ei*gneur, un style *peiné*, du marbre *veiné*

5º. Elle se marque par *œ* dans les mots : 1
œsophage, œdème, œcuménique, *assa-f*
(sorte de drogue).

È *ouvert.*

Cette voyelle s'écrit,

1º. par un *è* marqué d'un accent grave
dans ces mots : progrès, succès, procès,
grès, abcès, congrès, agrès (s. pl.) regrès
terme de jurisprudence) dès (prép.) très
après, auprès. — Dans les mots suivans, l'
se prononce : aloès, aspergès, Agnès,
Périclès, Hermès, Thalès,

Elle se marque aussi par un *è* dans les mots
n'est suivie que d'une consonne et d'un *e*
sphère, zèle, fidèle, modèle, crème, sy
problème, diadème, poème, poète, c
ébène, scène, trève, sève, interprète, a

Elle se marque aussi par un *è* dans les dé
èfle, ègle, ècle, ègre, èbre, èpre, ègne
ètre, ègue, èque, ège, èche, par exemple
règle, siècle, nègre, funèbre, lèpre,
duègne, cèdre, mètre, collègue, intri
collège, crèche, mèche, etc.

2º. Elle s'écrit par un *e* non accentué, quar
est l'âme d'une syllabe finale qui est termi
une consonne autre qu'une *s*, un *z*, un
un *d* ; comme dans ces mots : navet,
cartel, miel, sec, nef, chef, hem ! se
excepté les mots suivans, où l'*e* se prononce
un *é* fermé : *et* (conjonction) eh ! clé
d'œuvre.

Elle se marque encore par un *e* non accentué, quand cet *e* est suivi de *plusieurs* consonnes formant syllabe avec lui ; comme dans ces mots : j'acquiers, je requiers, concert, pervers, rets, mets, lettre, mettre (v.) moelle, brouette, indienne, étrenne, pelle, libelle, vielle (instrument de musique) écuelle, dilemme.

3°. Elle se marque par *ai* ; comme dans ces mots : maison, saison, désormais, gai, quai, du jais, je fais, il hait, plaine, laine, graine, il saigne, il daigne, chataigne.

4°. Elle se marque par *ei* ; comme dans les mots : peine, veine, (s.) haleine, la seine, seigle, neige, beige, peigne, j'enseigne.

5°. Elle se marque par *oi* ; comme dans les mots : harnois, avoine, monnoie, ivroie.

Anglois, Polonois, Hollandois, Japonnois, Lyonnois, Bordelois, Marseillois, Nantois, Avignonnois, (voyez à la p. 32, les noms de peuple, dont la désinence *ois* forme diphthongue, et se prononce *wès*).

J'allois, il chantoit, ils alloient, ils chantoient, etc.

Aujourd'hui beaucoup de personnes orthographient tous ces mots par *ai* : cependant l'Académie françoise n'avoit pas encore adopté cette orthographe, ainsi qu'on peut le voir par l'édition posthume de son Dictionnaire.

6°. Quand elle est longue, elle s'écrit souvent par un *é* marqué d'un accent circonflexe, comme dans ces mots : forêt, intérêt, prêt, tête, fête, pêche, chêne, extrême, poêle, troêne, guêpe, prêtre, hêtre, être, fenêtre, guêtre, ancêtres, salpêtre, vêpres, crêpe, bêche, prêche, drêche, blêche, revêche, dépêche, rêve, trêve, acquêt, apprêt, arrêt, bête, crête, frêne, gêne, frêle, grêle.

7°. Elle se marque quelquefois par *aî*, quand elle est longue, comme dans ces mots : chaîne, le faîte d'un édifice, faîne, je traîne, fraîche (a f.) il naît, il paît, maître, traître, paître, naître,

B

8°. Elle se marque par *oi* dans ces mots : paroître, connoître, il paroît, il connoît. Ceux qui ont adopté l'orthographe de Voltaire écrivent ces mots par *ai*.

9°. Elle s'écrit par un *ë* tréma, dans ces noms propres : Noël, Raphaël, Samuël, Israël, Hazaël.

E sourd.

Cette voyelle s'écrit par un *e* non accentué, comme dans ces mots : degré, devancier, menuisier, orphelin, femelle, ensevelir, forcené, mercenaire, cervelas, fermeté, genièvre, crever, grenier, grever, grenade, grenadier, gredin, frelon, frelater, fredonner, fredaine, fretin [fréter un vaisseau], quenouille, bedeau, bedaine, brelan, brevet, brebis, peser, pesée, reclu, rebelle, rebellion, repic, revêche, rechigné, rebondi, repartie, repartir (répliquer, ou, partir derechef), se repentir, reliquat, reliquataire, reproduire, reproduction, revivifier, renier, renoncer, renonciation, revendiquer, revendication, religieux [irréligieux] reprochable [irréprochable], rejaillir, recensement, irrémédiable, squelette, tenace, [ténacité], sevrer un enfant, semi-preuve, écrevisse, refuge [se réfugier, un réfugié], je fonderai (futur de *fonder*), je démonterai (futur de *démonter*) pour les distinguer de, je *fondrai*, futur de *fondre* ; je *démontrai*, aoriste de *démontrer*. Levraut, levrette, lever, levier (ou, lévier). Dans les mots suivans, l'*e* est absolument muet ou nul, sur-tout dans la conversation familière : banqueroute (pron. *bancroute*) maquereau (pron. *macró*) querelle (pron. *crélle*) empereur (pron. *empreur*) souverain, palefrenier, alevin, alezan, gobelet, batelier, pelletier, muletier, bonnetier, charretier, galerie, caleçon, galetas, cadenas, omelette, samedi, atteler, calebasse, bouquetière (pron. *bouktière*) matelas, coutelas, taffetas, émeraude, émeri, éperon (pron. *épron*), médecin, pélerin, allemand, habileté, vileté, boulevart, coulevrine, cauteleux, bourrelé, valeter, voleter, [culbuter], acheter, projeter, amener, élever, prome-

ner, chenapan, jeter, semer, mener, chenil, fenil,
fenouil, fenaison, cerise, cependant, sequin, seringue,
semelle, semoule, setier, selon, serin (s.) secret,
pelote, peloton, pelouse [*blouse*], peluche, pelisse,
pelure, semestre, semondre, semonce, clavecin,
tisserand.

On met un tréma (¨) sur l'*e* sourd final de la
désinence *gue* quand on doit prononcer l'*u* qui le
précède ; comme dans ces mots : *ciguë*, douleur *aiguë*,
réponse *ambiguë*, maisons *contiguës*, somme *exiguë* :
mais quand l'*u* doit rester muet ; comme dans ces
mots : *digue*, *intrigue*, *fatigue*, *aigue*-marine, etc.
alors il ne faut pas mettre de tréma sur l'*e* final.

On orthographie aujourd'hui par un *e* sourd les
mots : bienfesant, bienfesance, je fesois, nous fesons,
fesant ; et les personnes qui continuent à les ortho-
graphier par *ai* (je faisois, etc.) prononcent cependant cet *ai* comme un *e* sourd.

I.

La voyelle *i* se marque,

1º. Ordinairement par la lettre *i* : il, lime, mite,
asile, cristal, siphon, chimie, sirène, chimère,
logarithme, absinthe, péristile, cosmopolite,
anthropomorphite, méphitique, mirmidon, sphinx.

2º. Dans les mots où elle est longue, elle s'écrit
d'ordinaire par un *i* marqué d'un accent circonflexe;
comme dans ces mots : île, abîme, dîme, dîner,
gîte, vîte, épître, huître, bélître ; hier nous *ren-
dîmes*, vous *rendîtes* ; je voulois qu'il *rendît*, etc.

3º. Par un *ï* tréma, quand, dans la prononciation,
il faut détacher cette voyelle d'une autre qui la
précède immédiatement ; comme dans ces mots :
maïs, prosaïque, laïque, haïr, Adélaïde, Zoïle,
Héloïse, Moïse, Laïs, héroïque, stoïque, égoïsme, ouïr, l'ouïe, elle est haïe, conoïde. (V. p.
44, quand l'*ï* tréma, et même l'*i* simple, représentent la consonne *y*.)

4º. Elle se marque par un *y* grec dans le pronom

relatif *y*; elle se marque aussi par *y* dans les mots suivans, la plupart dérivés du grec : Chyle, chrysalide, clystère, cycle, cygne, cylindre, *cymbale*, cynique, cyprès, dynastie, dyssenterie, dryade, gymnase, gynécée, gypse, hydraulique, hydre, hydromel, hydrophobie, hydropisie, hydrostatique, hygiène, hygromètre, hymen, hymne, hyperbole, hypocondre, hypocrite, hypothéque, hypothèse, hysope, hystérique, kyrielle, lycée, *lymphe*, *lynx* [sphinx] la ville de Lyon, lyre, lyrique, myope, myriade, myrrhe, myrte, mystère, mystique, mythologie, *nymphe*, physique, physionomie, prytanée, psycologie, pygmée, pyramide, pyrite, pyrrhonien, pythie, rhythme, style, stylet, le styx, sycomore, sycophante, syllabe, syllogisme, sylphe, *symbole*, symétrie, *sympathie*, *symphonie*, *symptôme*, synagogue, *syncope*, *synchronisme*, *syndic*, synode, synonyme, anonyme, homonyme, pseudonyme, cacochyme, *syntaxe*, système, *synthèse*, *thym*, thyrse, *tympan*, *tympanon*, type, typographie, tyran.

Acolyte, alcyon (espèce d'oiseau), améthyste, amphictyons, amygdales, analyse, androgyne, apocalypse, apocryphe, asphyxie, cacochyme, conchyliologie, corybante, coryphée, dactyle, dithyrambe, Elysée, embryon, emphytéose, emphytéotique [amphithéâtre] empyrée, encyclopédie, enthymème, étymologie, hiéroglyphe, ichtyologie, ichtyophage, idylle, labyrinthe, lacrymal, lacrymatoire (s.), *larynx*, martyr, martyre, métempsycose, métonymie, néophyte, onyx, oxycrat, oxymel, panégyrique, paralysie, *pharynx*, polygamie (et tous les mots commençant par *poly*) polype, porphyre, presbyte, presbytère, presbytérien, prosélyte [cosmopolite] satyre (monstre fabuleux) [satire (sorte de poème)] Sibylle, zéphyr (vent doux et agréable) [zéphire (divinité fabuleuse, l'amant de Flore)] zoophyte.

Calypso, Ulysse, l'Egypte, les Pyrénées, un Cyclope, Polyphème, Carybde et Scylla, Sylla (nom propre d'un Romain) le Cocyte, la ville de Tyr, l'île de Cypre, le Styx, Pygmalion, l'île de Cythère, les Scythes, Babylone, Hypolite, Thyeste, Syracuse, Lycurgue, *l'Olympe*, la Lybie, la Lydie, la Syrie, Cybèle, une Dryade.

O *ouvert.*

La voyelle *o*, telle qu'on la prononce dans la première syllabe des mots, *omettre*, *colère*, s'écrit,

1°. Par la lettre *o*, par exemple, dans ces mots : homme, Rome, cotte (juppe de paysanne) note, idole, robe, noce, ode, éloge, bosse, brosse, rosse, crosse, cosse, carrosse, Écosse, écot, galop, monotone, cajoler, croc, escroc, broc, *notre* patrie, *votre* ami, il gobe, il dérobe.

Cette voyelle est longue dans les mots qui finissent en *or* ; comme : cor, or, butor, castor, etc. ; et dans les mots suivans : lobe, globe, ils gobent, ils dérobent.

2°. Par la lettre *u*, dans ces mots : rum, album, maximum, te Deum, (qui se prononcent *rome*, *albome*, etc.)

3°. Par *au*, dans le nom propre *Paul*, qui se prononce *Pol*.

O *fermé.*

La voyelle *o* telle qu'on la prononce dans la première syllabe des mots *ôter*, *oser*, s'écrit :

1°. Par *o*, comme dans les mots : écho, zéro, vertigo, cacao, ho ! oh ! chaos, héros, dos, clos, suros, (tumeur dure à la jambe d'un cheval) propos, gros, grosse, fosse, endosse.

2°. Par un *ô* marqué d'un accent circonflexe ; comme dans ces mots : impôt, dépôt, suppôt, entrepôt, prévôt, tantôt, bientôt, dôme, fantôme, je *chôme* une fête, rôle, pôle, drôle, cône, trône, côte, ôter, enjôler, rôder, frôler, le nôtre, le vôtre [*votre* père, *notre* patrie.]

3°. Par *au :* aune, baume, chaume (paille) paume de la main, faute, étau, sarrau, levraut, artichaut, *héraut* d'armes.

4°. Par *eau :* peau, veau, coteau, un *seau* d'eau, un *sceau* à cacheter (pron. *só*), lapereau, perdreau, chevreau, tourtereau, etc.

5°. Par *aô :* la Saône (rivière; pron. *Sône*).

U.

Cette voyelle se marque,

1°. Ordinairement par la lettre *u :* vertu, plume, lune, mule.

2°. Quand elle est longue, on l'écrit par un *û* marqué d'un accent circonflexe; comme dans ces mots : flûte, bûche, embûche, affût, piqûre, rayûre, levûre, reliûre, mûr (a.) mûre (sorte de fruit), je brûle, nous reçûmes, vous reçûtes, je voudrois qu'il *reçût*, qu'il *fût*.

3°. Par *eu*, dans toutes les personnes de l'aoriste, et du présent relatif du subjonctif du verbe *avoir :* j'eus, tu eus, il eut, nous eûmes, vous eûtes, ils eurent; il vouloit que j'*eusse*, que tu *eusses*, etc. et dans son participe passif *eu.*

Dans les trois mots, *gageure*, *mangeure*, *vergeure*, (que l'on prononce *gajure*, *manjure*, *verjure*), l'*e* qui est entre le *g* et l'*u* est muet, et ne sert qu'à adoucir le *g.*

4°. Par un *ü* tréma, quand, dans la prononciation, il faut détacher cette voyelle, d'une autre qui la précède immédiatement, comme dans ces noms propres : Saül, Esaü, Alcinoüs.

Voyez à la page 33, les mots où l'*u* est muet après les consonnes g, q, et ceux où il forme diphthongue avec la voyelle suivante.

O U.

Cette voyelle s'écrit,

1°. Ordinairement par *ou* : cou, poule, bout, égout, loup.

2°. Quand elle est longue, elle s'écrit souvent par *où* marqué d'un accent circonflexe, comme dans ces mots : coût, goût, soûl (a. pron. *soû*).

3°. Par *aoû*, dans le mois d'*aoûs*, qui se pron. *où*.

E U *fermé.*

Cette voyelle est brève ou longue ; l'*EU fermé* BREF s'écrit,

1°. Par *eu*, comme dans les mots : feu, bleu, aveu, un pieu.

2°. Par *œu*, dans ces mots : vœu, nœud.

L'*EU* fermé *long* s'écrit,

1°. Par *eu*, dans ces mots : jeûne (s.) meule, queue, lieue.

2°. Par *œu*, dans ces pluriels : des œufs, des bœufs, des vœux, des nœuds.

E U *ouvert.*

L'*EU ouvert* est également bref ou long : l'*EU ouvert* BREF s'écrit,

1°. Par *eu* : veuf, neuf, heurter, peuple.

2°. Par *œu* : bœuf, œuf.

3°. Par *e* : orgueil, accueil, recueil, écueil, cueillir ; (prononcez, orgu*euil*, accu*euil*, recu*euil*, écu*euil*, cu*euil*lir) mais les mots *orgueilleux*, *s'enorgueillir* se-pron. tels qu'ils sont écrits, et non pas *orgueuilleux*, *s'enorgueuillir*.

4°. Par *œ* : œil, œillet (pr. *euil*, *euillet*).

L'*EU* ouvert *long* s'écrit,

1°. Par *eu* : un leurre, beurre, heure, pleurs.

2°. Par *œu* : mœurs, œuvre, un *cœur* aimant, un *chœur* d'opéra.

B 4

Orthographe des voyelles nasales.

A N.

LA voyelle nasale *an* s'écrit,

1º. Par *an* , comme dans ces mots : an, flanc, écran, gant, chaland, har*an*gue, réprimande, manger, revanche, amande (fruit de l'amandier), garantir, tancer, *panser* un cheval, Anglois, trucheman, drogman, caïman, amar*an*the, anthropophage.

2ª. Par *en* : encens, onguent, hareng, pencher, mendier, s'*en*ivrer, s'*en*orgueillir, étendard, aventure, existence, amende (péñalité), venger, exigence, dense (a.), intense, (a.), de la menthe, sanguinolent, il se repent (de *se repentir*), *en*thymème, *en*thousiasme, térébenthine.

3ª. Par *am* : ambassade, alambic, ramper, un quidam, ampoule, amphore, amphibologie, les amphictyons, pamphlet, amphithéâtre, à son *dam* , amphigouri, camphre, amphibie.

4ª. Par *em* : rempart, embarras, embryon, embûche, embuscade, empeigne, emphytéotique, emmener, emmancher, emmailloter, emphase, métempsycose, calembour.

5ª. Par *aon* : (l'*o* muet) paon, faon, la ville de *Laon*.

6º. Par *aen*, (l'*e* muet) la ville de *Caen*.

A I N.

La voyelle nasale *ain* s'écrit,

1ª. Par *ain*, comme dans ces mots : pain, main, gain, sain (a.).

2ª. Par *ein* : le *sein* d'une femme, seing (signature), frein, dessein (projet), serein, un *teint* frais.

3ª. Par *in* : du crin, lin, un *dessin* de Raphaël, carmin, nez aquilin, sphinx.

4°. Par *in* tréma : dans le nom propre *Caïn* (prononcez *Ca-ain*).

5°. Par *in* : nous vînmes, vous vîntes, etc. je voulois qu'il vînt, qu'il tînt, etc.

6°. Par *en* : appendice, agenda, Benjamin, Mentor, pentamètre, pentagone, pentateuque, la Pensilvanie, le Bengal, soutien, maintien, rien, bien, moyen, examen, européen, Agen (ville de France); la désinence des mots : hymen, dictamen, gramen, abdomen, amen, Éden; se prononce *ène*. (v. p. 34).

7°. Par *aim* : faim, essaim, daim.

8°. Par *im* : importun, imbécille, timbre, simple.

9°. Par *em*, dans ces noms propres : Memphis, la vallée de *Tempé*, le cardinal de *Bembo*.

10. Par *ym*, dans les mots : du thym, cymbale, symphonie, nymphe, lymphe, l'olympe, symbole, sympathie, symptôme, tympan, tympanon.

11°. Par *eim*, dans : la ville de *Rheims* (pr. *Raince*).

12°. Par *yn*, dans : lynx, syncope, synchronisme, syndic, syntaxe, synthèse, larynx, pharynx.

O N.

La voyelle nasale *on* s'écrit,

1°. Par *on* : don, jeton, pont, jong, tronc.

2°. Par *om* : nom, renom, plomb, prompt.

3°. Par *aon* : (l'*a* muet) dans le mot *taon*, (espèce de mouche).

4°. Par *um* : *rumb* de vent (pron. *rombe*; terme de marine).

U N.

La voyelle nasale *un* s'écrit,

1°. Par *un* : brun, alun, chacun.

2°. Par *eun* : être à *jeun*, la ville de *Meun*.

3°. Par *um* : dans les deux mots *parfum*, *humble*.

De la manière d'orthographier les consonnes.

B.

CETTE consonne s'écrit toujours par la lettre *b* : bonté, beauté.

Lorsque la lettre *b* (qui représente une articulation *douce*) est immédiatement suivie d'une consonne *forte*, (telle qu'une *s*, un *t*, ou un *c*) elle se prononce *p* ; par exemple, dans ces mots : obtenir, subtile, observer, subsistance, subsides, subséquent, abcès, absence, etc., quoiqu'on *écrive* des *b*, on *prononce* nécessairement des *p* : *optenir*, *suptile*, *opserver*, *apcès*, etc.

Les Anglois, qui dans quelques mots de cette espèce, prononcent le *b* avec son propre son, ont été forcé de changer l's en *z*, comme dans ce mot *observation*, qu'ils prononcent *obzervation* : car il est physiquement impossible de prononcer immédiatement de suite deux consonnes, dont l'une seroit *douce* et l'autre *forte*, ou vice versa; dans ce cas, si l'on veut prononcer la *forte*, il faut nécessairement que la *douce* se change en *forte*; ou, si l'on veut prononcer la *douce* (comme font les anglois dans le mot que nous avons apporté pour exemple), il faut que la *forte* se change en *douce*, (voyez p. 29) (1).

P.

Cette consonne s'écrit toujours par la lettre *p* : patrie, père.

Le *p* est muet dans les mots suivans : exempt, exempter, dompter, domptable, symptôme, prompt, promptitude, temps, baptême, baptiser, extrait *baptistère*, sept, septième, sculpteur.

Le *p* se prononce dans les mots suivans : septembre,

---

(1) C'est pour cette même raison que, comme on prononce *g* le *c* du mot *second*, et que, dans la conversation, ce mot est ordinairement d'une syllabe, on est alors forcé de changer l's en *z*, et de prononcer *le second* comme s'il étoit écrit : *le zgond*.

septennal, septénaire, présomption, présomptueux, exemption, consomption, impromptu, somptuaire, indomptable, indompté, contempteur, contemptible, rédempteur, rédemption, baptismal.

Le *p* final se prononce ordinairement, comme il fait dans ces mots : *cep* de vigne, cap, jalap, etc., excepté les mots suivans, où il est muet : drap, trop, galop, sirop, loup, coup, beaucoup.

M.

Cette consonne s'écrit toujours par la lettre *m* : mère, mari.

Cette lettre *m*, réunie à certaines voyelles pures, sert à représenter nos voyelles nasales, de la manière suivante :

Elle représente la voyelle nasale *an*, quand, dans le même mot, elle suit

un *a* devant { un *b* : ambition, ambassadeur, ambre, bambin ;

un *p* : ampoule, amputer, pampre, ample, amphibie ;

un *e* devant { un *b* : emblème, embarquer, calembour, ensemble, etc., excepté le nom propre *Bembo*, qui se prononce *Baimbo* ;

un *p* : emprunter, empoisonner, emploi, emphase, etc. ; excepté ces deux noms propres *Tempé*, *Memphis*, où l'*em* se prononce *aim* ;

une *m*, au commencement d'un mot : emmener, emmieller, emmancher, etc. excepté le nom propre *Emmanuel* qui se prononce *Èmemanuel*. Dans les mots de la désinence *emme*, le pénultième *e* se prononce ouvert et les *mm* gardent leur propre son : *dilemme*, *lemme* ; excepté le mot *femme* qui se prononce *famme*.

Elle représente la voyelle nasale *ain*, quand, dans le même mot, elle suit

un *i* devant { un *b* : imberbe, imbécille, timbre,
{ un *p* : imprudent, impatient :

Elle représente la voyelle nasale *on*, quand, dans le même mot, elle suit

un *o* devant { un *b* : bombe, tombe, ombre, sombre,
{ un *p* : pompe, rompre :

Elle représente la voyelle nasale *un*, quand, dans le même mot, elle suit un *u* devant un *b* : humble; excepté le mot *rumb*, qui se prononce *rombe*. (Voyez p. 25).

Quand la lettre *m* est immédiatement suivie d'une *n*, elle conserve son propre son; par exemple, ces mots :

amnistie, se prononcent, *ame-nistie*,
indemniser . . . . . *indame-niser*,
indemnité . . . . . *indame-nité*,
gymnase . . . . . *gime-nase*,
hymne . . . . . *ime-ne*,
somnambule. . . . . *some-nambule*,
automnal . . . . . *automme-nal*.

Excepté les mots suivans, où l'*m* est muette :

condamner, prononcez, *condaner*,
condamnation . . . . *condanation*.

Le mot *automne* se pr. comme s'il étoit écrit *autonne*.

Quand, au commencement d'un mot, les voyelles *a* ou *i* sont suivies de deux *mm*, ces voyelles et ces *mm* conservent chacune leur son : par exemple, on prononce sans nasalité les mots suivans :

corne d'*ammon*, prononcez, *amme-mon*,
sel *ammoniac* . . . *amme-moniac*,
grammaire . . . *gra-maire*, ou *grame-maire*,
immanquable . . . *ime-manquable*,
immodéré . . . *ime-modéré*,
immondices . . . *ime-mondices*,
immeubles . . . *ime-meubles*,
s'immiscer . . . *s'ime-miscer*,
immortel . . . *ime-mortel*,

Quand la lettre *m* finit un mot, elle se prononce de la manière suivante:

Quand elle est précédée d'un *a*, elles forment

ensemble la voyelle nasale *an :* un *quidam* , à son *dam* , Adam. Excepté dans les noms propres suivans et quelques autres , où l'*a* et l'*m* conservent chacun leur son : Priam , Amsterdam , Roterdam , Surinam , Postdam , Siam , Bantam , Abraham , Balaam , Cham.

Quand elle est précédée d'un *e* , l'*e* et l'*m* conservent chacun leur son : hem ! (interjection dont on se sert pour appeler quelqu'un) idem , item , Jérusalem , Sem , Sichem , Bethléem.

Quand elle est précédée d'un *i* , l'*i* et l'*m* conservent chacun leur son : par *intérim* , Ibrahim ; excepté dans les deux mots , *Joachim* , du *thym* , où l'*i* et l'*m* forment ensemble la voyelle nasale *ain.*

Quand elle est précédée d'un *o* , elles forment ensemble la voyelle nasale *on* : nom , renom , pronom , Absalom ; excepté le nom propre *Edom* , (pr. *édome*) où l'*o* et l'*m* gardent chacun leur son.

Quand elle est précédée d'un *u* , elle garde son propre son , mais l'*u* se prononce comme un *o* : *rum* (eau de vie de sucre) maximum , album , te Deum ; excepté le mot *parfum* dont la dernière syllabe a le même son que celle de *défunt.*

Quand elle est précédée d'*ai* , elles forment ensemble la voyelle nasale *ain* : faim , essaim , daim , etc. Excepté lorsque l'*ï* est marqué d'un tréma , comme il l'est dans le nom propre *Éphraïm* , où l'*a* , l'*i* , et l'*m* , conservent chacun leur son ; car ce mot se prononce *é-fra-ime.*

V.

Cette consonne s'écrit par la lettre *v* : vertu , vérité.

Quand le *v* (qui représente une articulation douce) n'est séparé d'une consonne *forte* que par un *e* sourd , qui devient muet ou nul dans la prononciation familière , alors il se prononce f ; par exemple , quoiqu'on écrive

naïveté , on prononce dans le discours familier , *naïfté,*

savetier . . . . *safter,*

oisiveté . . . . *oisifté,*

clavecin, on prononce dans le discours familier, *clafcin*,

brieveté . . . . *briefté*,

louveteau . . . . *loufteau*,

cheval : . . . . . *chfal*, ⎫ et non pas *jval*, *jveu*,

cheveu . . . . . *chfeu*, ⎬ comme prononcent

⎭ quelques personnes.

L'*f* final de l'article numératif *neuf* se prononce *v* quand cet article précède immédiatement son substantif commençant par une voyelle : par exemple, *neuf heures*, se prononce, *neuv heures*.

F.

Cette consonne s'écrit,

1º. Par la lettre *f* : fable, fécond, fidèle, fantôme, parafe, orfèvre, golfe, sofa, sofi, faisan, scrofuleux, sulfureux, filtre (avec quoi on clarifie une liqueur), fiole.

2º. Par *ph*, dans certains mots, dérivés du grec, dont voici le recueil : Phalène, Bosphore, phosphore, du phébus, phrase, alphabet, emphytéose, phase, sphère, *philtre* amoureux, sylphe, physique, métaphysique, aphorisme, strophe, trophée, porphyre, géographie, typographie (et tous les autres mots en *phie*) diphthongue, pharynx, asphyxie, méphitique, camphre, amphithéâtre, phalange, phlogistique, amphibie, amphibologie, amphigouri (Acad. 5e. édition), physionomie, orphelin, pharmacie, hiérophante, sycophante, coryphée, colophane, diaphane, phare, sophisme, euphonie, cacophonie, siphon, nymphe, lymphe, emphase, hiérogliphe, apocryphe, amphore, apophthegme, amphictyons, antropophage, ichtyophage, anthropomorphite, orthographe, phthisie, hydrophobie, ophtalmie, symphonie, néophyte, zoophyte, pamphlet (petite brochure).

L'*f* finale se prononce ordinairement; comme dans ces mots : soif, vif, bœuf, œuf; un habit *neuf*, le *neuf* de cœur, un nerf, un serf (un esclave), chef, nef, bref, grief, relief, chef-lieu, etc., excepté les mots suivans, où il est muet : un cerf (le mâle

de la *biche*), une *clef* (pron. *clé*), *chef*-d'œuvre
(pron. *CHÉ-d'œuvre*), un *nerf*-de-bœuf. L'f finale de
l'article numératif *neuf* est muette, quand il précède
immédiatement son substantif commençant par une
consonne, ou quand il précède un autre article numératif : *neuf* livres, *neuf* cens francs, *neuf* mille francs.
L'f est muette dans le pluriel des substantifs *nerf*, *œuf*,
bœuf; car, les *nerfs*, des *œufs*, des *bœufs*, se prononcent comme s'ils étoient écrits : des *ners*, des *œus*,
des *bœus*.

W. (I)

On s'étonnera sans doute de voir cette lettre bar-
bare placée au nombre de nos consonnes françoises ;
mais je prie de remarquer que, quoique cette *lettre*
n'existe point dans notre *alphabet* ni dans notre *orthographe*, nous avons cependant, dans notre *prononciation*, l'articulation qu'elle représente : nous la *prononçons*, mais nous ne l'*écrivons* pas, du moins avec
ce caractère ; nous la représentons,

    1°. Par *u*, comme dans ces mots : huit, écuelle,
           (pr. en trois syllabes *é-kwè-le*, et non
           pas en quatre, *é-ku-è-le*), le mois de *juin*
           (pr. en une syllabe *jwain*, et non pas en
           deux, *ju-ain*) Alcuin, buis, nuit, lui,
           bruit, la Suisse, la Suède, aiguille, équi-
           tation.

    2°. Par *ou*, comme dans les mots : de la *ouate*,

---

(1) Je m'attends à rencontrer beaucoup de contradicteurs sur la
prononciation de cette articulation, et particulièrement sur les différentes manières dont je dis que nous la représentons dans notre
orthographe : très-peu de personnes se sont donné la peine d'analyser
le mécanisme admirable de l'instrument vocal ; la plupart des hommes, même de ceux qui ont une prononciation correcte et pure,
suivent routinièrement l'habitude qu'ils ont contractée, sans avoir
jamais fixé l'attention de leur esprit sur cet objet très-subtil et très-
délicat : souvent l'*identité* de certains sons est aperçue, parce
que nos yeux sont habitués à les voir *diversement* écrits. L'orthographe à laquelle on est habitue, est quelquefois comme un voile
qui nous empêche, non de bien prononcer, mais de bien observer
comment nous prononçons.

ouest, fouet (pr. en une syllabe *fwèt*, et non pas en deux, *fou-èt*), oui (affirmation), couenne, couenneux, couette, ouais! (exclamation de surprise), cambouis, babouin, baragouin, marsouin, sagouin, maringouin.

3°. Par *o*, comme dans les mots : poil, loi, voisin, foison, courroie, saint François, Hongrois, Danois, Suédois, Liégeois, Génois, Genévois, Chinois, Siamois, Hambourgeois, Namurois, Bavarois, Baunois, (voyez à la p. 17 les noms de peuple dont la désinence *ois* se prononce *ès*).

Remarquez que dans tous ces mots, l'*i* qui suit l'*o* se prononce comme un *è* ouvert, et forme diphthongue avec l'*o* qui le précède, et qui se prononce *w*, (*wè*).

Quand la diphthongue *oi* est accompagné d'un *n*, comme dans *oin*, alors l'*in* représentent la voyelle nasale *ain*, & l'*o* représente toujours la consonne *w*; par exemple, ces mots : *soin*, *poing*, se prononcent *swain*, *pwain*; *groin*, se prononce *grwain* en une syllabe, et non pas *grou-ain* en deux syllabes.

La diphthongue *oi* s'écrit par *oe* dans ces mots : *moelle*, *moellon*, *poêle*. L'*i* est muet dans le mot *encoignure*, que l'on prononce comme s'il étoit écrit *encognure*. On écrit et on prononce *rencogner*, sans *i*.

Ce qui prouve évidemment que l'articulation *w* (que nous représentons dans notre orthographe, tantôt par *u*, tantôt par *ou*, et tantôt par *o*) est réellement une consonne et non pas une voyelle, c'est que, quand on prononce : *un oui*, *en huit* jours, de *la ouate*, l'oreille n'entend non plus d'hiatus que si l'on prononçoit : *un vice*, être *en vie*, de *la valeur*.

Souvent les étrangers sont embarrassés pour savoir quand l'*u* forme diphthongue avec la voyelle qui le suit, ou bien quand il est muet. Voici un recueil de mots où l'*u* se prononce *w*, et forme diphthongue avec la voyelle qui le suit : équestre, équitation, aiguille, aiguillon, lingual, quadrupède, équateur, quadruple, quintuple, quinquennal, quaker, aquatique, liquéfaction, consanguinité, questeur, questure, inextinguible, un quaterne, la ville de Guise, le Guide (célèbre peintre italien). Dans le mot *arguer* (qui se prononce en trois syllabes *ar-gu-er*), la voyelle *u* garde son propre son, et ne forme pas diphthongue avec la voyelle qui la suit.

Voici un recueil de mots où l'*u* est muet : aiguiser, aiguière, sanguin, sanguinaire, consanguin, liquéfier, aqueux, aquéduc, quotient, quotidien, reliquat, reliquataire, équipollent, un quidam, un guide, à sa guise, du *gui* de chêne, aquilon, nez aquilin, quintal, aiguade, aiguayer un cheval.

D.

Cette consonne s'écrit toujours par la lettre *d* : don, darder, daim.

Quand la lettre *d* finit un mot, et qu'elle se prononce, elle prend le son de *t* : David, le sud, Talmud, un froid accueil, un grand homme, le second article.

T.

Cette consonne s'écrit ordinairement par la lettre *t* : talent, atmosphère, galimatias, myrte, tuilerie, auteur, rhétorique, métaphysique, trône, tiare, trésor, catégorie, emphytéose, apostème, étique, étisie, étymologie, métempsycose, misantrope, philantrope, catarrhe, Malte.

Elle s'écrit par *th* dans certains mots dérivés du grec, dont voici le recueil : orthographe, hypothèque, authentique, du thym, autocthone, cantharides, enthousiasme, cothurne, athlète, amaranthe, labyrinthe, térébinthe, térébenthine, jacinthe, absinthe, thyrse, épithète, méthode, isthme, asthme, logarithme,

C

améthyste, apothicaire, thériaque, dithyrambe, apathic, sympathie, antipathie, léthargie, apothéose, rhythme, arithmétique, diphthongue, litharge, apophthegme, les Scythes, les *éthiques* d'Aristote; posthume, gothique, de la menthe, enthymème, phthisie, anthropophage, anthropomorphite, zénith, thèse, hypothèse, parenthèse, la pythie, pythonisse (p. 310 de la grammaire), mythologie, du bismuth.

Le *t* final se prononce dans les mots suivans : fat (a.) de l'argent *mat* (a.), échec-et-*mat*, rapt, le tact, intact (a.), exact (a.) *lest* de navire, un vent d'*est*, d'*ouest*; entre le *zist* et le *zest*, zest! (interjection), strict (a.), succinct (a.) le christ, [*Jésus-christ*, se prononce *Jésu-kri*] déficit, accessit, transit (s. pron. *tranzite*), rit, une riche *dot*, du sucre *brut*.

Le *t* et l'*h* sont muets dans *chat-huant*, qui se prononce *cha-u-an*.

N.

Cette consonne s'écrit toujours par la lettre *n :* nature, nation, etc.

Réunie à certaines voyelles pures, elle sert à représenter nos voyelles nasales, de la manière suivante :

Elle représente la voyelle nasale *an*, lorsque, dans la même syllabe, elle est précédée

d'un *a*, comme dans ces mots : danser, santé, ranger, amande (*fruit*),

d'un *e* inaccentué, comme dans ces mots : entier, entendre, s'enorgueillir, s'enivrer, en (préposition) etc. (Voyez p. 24).

Excepté les mots suivans, où l'*en* se prononce *ain* : agenda, Benjamin, Mentor, etc. (Voyez p. 25).

Dans les mots qui finissent par la diphthongue *ien*, l'*en* se prononce *ain :* bien, moyen, païen, le Titien (peintre italien), etc. Le mot *chrétienté* se prononce *chrétièneté*, quelques-uns le pron. *chrétiainté*.

Dans les mots qui finissent en *en*, tels que : hymen, dictamen, etc., la dési-

nence *en* se prononce *ène ;* excepté *examen*
qui se prononce *examain.* (Voyez p. 25).

Excepté encore les mots où la désinence *en* est précédée d'un *i* ou d'un *é*,
tels que : Européen , Chaldéen , lien
(pron. en deux syllabes, *li-ain*). Dans
ces mots, la désinence *en* se pron. *ain.*

La ville de *Rouen*, se pron. *Rou-an.*

d'*ao*, dans les mots : paon , faon , la ville de
Laon ; mais le mot *taon* (espèce de
mouche) se pron. *ton.*

Elle représente la voyelle nasale *ain*, lorsque, dans
la même syllabe , elle est précédée
    par *ai*, comme dans ces mots : sain , gain , main ,
      nain ,
    par *ei*, comme dans ces mots : sein , frein , plein,
    par *i*, comme dans ces mots : fin , lin , vin ,
    par *e :* (voyez ci-dessus).

Elle représente la voyelle nasale *on*, lorsque, dans
la même syllabe , elle est précédée d'un *o :* son,
don , canon.

Elle représente la voyelle nasale *un*, lorsque, dans
la même syllabe, elle est précédée
    d'un *u* , comme dans ces mots : brun , chacun.
    de *eu :* être à *jeun* , la ville de *Meun.*

Dans les mots où l'*n* est doublée , la nasalité n'a
ordinairement pas lieu ; par exemple ces mots :
    ennemi , annuité , année , inné , triennal , innover ,
se pron. : *ène-mi , ane nuité , a-née , ine-né , triène-nal , ine-nover.*
    Ces mots : solennel , solennité , nenni , hennir ,
se prononcent : *solanel , solanité , na ni , hannir.*

Les deux seuls mots *ennui, ennoblir*, se prononcent
avec nasalité, *an-nui, an-noblir.*

Quand, dans un même mot, la voyelle nasale *in*
précède une voyelle ou une *h* muette, elle perd sa
nasalité, et l'*i* et l'*n* reprennent chacun leur son ; par
exemple ces mots :

    inutile ,   se prononcent ,   *i-nutile ,*
    inhabile, ... *i-nabile ,*
    inhérent, ... *i-nérent ,*
    inhérence, ... *i-nérence ,*
    inhibition , ... *i-nibition.*

Les désinences nasales perdent leur nasalité,

1°. Lorsque le même mot de masculin qu'il étoit, devient féminin, et prend en conséquence un *e* muet final qu'il n'avoit pas au masculin ; par exemple : badin, badine ; enclin, encline ; serein, sereine ; plan, plane ; brun, brune ; païen, païenne, etc.

2°. Certaines espèces de mots, qui finissent par une voyelle nasale, perdent leur nasalité, quand ils précèdent immédiatement certaines autres espèces de mots qui commencent par une voyelle, ou par un *h* muette ; savoir :

Un *adjectif* d'une désinence nasale, perd sa nasalité, quand il précède immédiatement son substantif commençant par une voyelle ; par exemple :

un bon enfant,	se prononce,	*un bonne enfant,*
un vilain homme	. . . . .	*un vilène omme,*
ancien ami	. . . . .	*anciène ami,*
vain espoir	. . . . .	*vène-espoir,*
un an	. . . . .	*u-nan,*
souverain arbitre	. . . . .	*souverène arbitre,*
en plein été	. . . . .	*en plène été.*

Les articles possessifs *mon*, *ton*, *son*, ne perdent pas leur nasalité devant un substantif commençant par une voyelle, mais on intercale, dans la prononciation, une *n* euphonique entre ces articles et leur substantif ; par exemple :

mon enfant,	se prononce,	*mon-n-enfant,*
son ami	. . . . .	*son-n-ami,*
ton ardeur	. . . . .	*ton-n-ardeur.*

La même chose arrive au mot *on*, quand il précède immédiatement un verbe dont il est le sujet ou nominatif, et que ce verbe commence par une voyelle ; par exemple :

on appelle, se prononce, *on-n-appelle.*

De même, quand, entre le mot *on* et son verbe, il y a le pronom relatif *en* ; par exemple : *on en parle*, se prononce, *on-n-en parle.*

La même chose arrive encore au mot *en*, soit lorsqu'il est pronom relatif, et qu'il précède immédiatement un verbe dont il est gouverné, et que ce verbe commence par une voyelle ; par exemple : *en avoit-on parlé?* se prononce, *en-n-avoit-on parlé?* — Soit lorsque le mot *en* est préposition ; par exemple : *en Allemagne,* se prononce, *en-n-Allemagne.*

L'adverbe *bien* perd sa nasalité quand l'adjectif ou le verbe qu'il précède immédiatement, commence par une voyelle ; par exemple :

  bien appris, se prononce, *biène appris,*
  bien écrire . . . . . *biène écrire,*
  bien aimé . . . . . *biène aimé.*

Le mot *rien* perd sa nasalité quand il précède immédiatement un mot, commençant par une voyelle, qui fait partie de la même proposition ; par exemple :

rien au monde,   se prononce, *riène au monde,*
je n'ai *rien appris*   . . . . *riène appris,*
rien à manger   . . . . *riène à* manger,
rien autre chose   . . . . *riène autre* chose,
rien est-il plus étrange ? . . . . *riène est*-il, etc.

N *mouillée*, ou, GN.

Outre la consonne *n*, dont nous venons de parler, il y a dans la langue françoise, ainsi que dans l'italienne et l'espagnole, un son que l'on appelle *N mouillée*, lequel se marque, dans l'orthographe françoise, par *gn ;* comme dans ces mots : montagne, gagner, règne, agnus, ignorant, besogne, répugnance, daigner, vigne, Agnès, duègne, cognée, soigner, éloigner, cygne, Bourgogne, ognon, (Acad. 5e. édit.)

L'*N mouillée* n'est pas un son simple, mais un son composé ; car, en l'analysant exactement, on trouvera que, dans la prononciation, c'est une *n* immédiatement suivie de la consonne *y*, et formant toutes deux une seule et même syllabe avec la voyelle qui les suit ; par exemple :

  montagne, se prononce, *monta-nye,*
  vigne . . . . . . *vi-nye.*

beignet,	se prononce,	*bé-nyet,*
ignoble	. . . . .	*i-nyoble,*
trognon	. . . .	*tro-nyon,*
ognon	. . . .	*o-nyon,*
Agnès	. . . .	*A-nyès,*
cognée	. . . .	*co-nyée,*
signifier	. . . .	*si-nyi-fi-er,*
dignité	. . . .	*di-nyi-té.*

Dans les mots suivans, le *gn* est précédé d'un *i* muet : encoignure (pron. encognure), peigne, beignet, enseigne, seigneur.

Dans les mots suivans, le *gn* représente, non pas l'*n mouillée*, mais le *g* et l'*n* chacun séparément : Agnat, cognat, stagnant, stagnation, igné (a.) ignition, ignicole, règnicole, inexpugnable, Progné.

Dans notre langue, il n'y a aucun mot qui commence par une *N mouillée*; dans le peu de mots qui commencent par *gn*, tels que : gnome, gnomon, gnostique, le temple de *Gnide*, etc. , le *g* et l'*n* se prononcent chacun avec son propre son.

L.

Cette consonne se marque toujours par la lettre *l* : loi, liberté.

L'*l* finale se prononce ordinairement; comme dans ces mots : calcul, consul, recul, sel, cal, sol, (terrain) etc., excepté dans les mots : cul, *cul*-de-jatte, *cul*-de-lampe, *cul*-de-sac, gratte-*cul*, soûl (a. pr. soû), le pouls; et dans quelques mots en *il*, ainsi qu'on le verra à l'article suivant.

L *mouillée.*

Outre la consonne *l*, dont nous venons de parler, il y a dans la langue françoise, ainsi que dans plusieurs autres langues modernes, une *l* qu'on appelle *mouillée*. Comme l'*N mouillée* n'est autre chose qu'une *n* immédiatement suivie de la consonne *y*, et formant avec elle et la voyelle qui les suit, une seule et même syllabe; de même l'*L mouillée* n'est autre chose, dans la prononciation, qu'une *l* immédiatement suivie de la consonne *y*, et formant toutes deux une seule et même syllabe avec la voyelle qui les suit; car, par exemple, ces mots :

paille,	se prononcent réellement,	*pá-lye*,
cuiller	. . . .	*cu-lyère*,
de la *bouillie* .	. . . .	*bou-lyie*,
du *bouilli*	. . . .	*bou-lyi*,
il a *failli*	. . . . : . . .	il a *fa·lyi*,
fouiller	. . . .	*fou-lyé*.

Dans notre orthographe, (1) nous marquons ordinairement cette *L mouillée*, par une double *ll* précédée d'un *i* muet, et celui-ci précédé d'une autre voyelle qui se prononce; comme dans ces mots : paille, treille, feuille, vieillard, bouillon, cuiller, juillet, fouiller.

Quand la double *ll* n'est précédée que de la voyelle *i* toute seule, cette double *ll* n'est pas toujours mouillée.

Elle est mouillée dans les mots suivans :	*Elle n'est pas mouillée dans les mots suivans :*
Fille, gentille (a. f.), bille quille, drille, anguille, aiguille, faucille, chenille, vétille, goupille, mantille, famille, volatille (s. f. v. p. 322 de la gramm.) faire la mercantille (v. p. 325 de la gramm.), piller, houspiller, billet, millet, monnoie de *billon*, papillon, artillerie,(2).	Tranquille, imbécille, pupille, ville, mirtille, mille (1000), millésime, pusillanime, distiller, scintiller, scintillation, vaciller, vacillation, idylle, sibylle.

(1) Ainsi que nous représentons l'*n mouillée* par une *n* précédée d'un *g* (*gn*), de même les italiens représentent l'*z mouillée* par une *l* précédée d'un *g* (*gl*); comme dans ces mots : *foglio* (feuille), *battaglia* (bataille), *figlio* (fils).

(2) Les mots million, billon, milliar, se prononcent en mouillant les *ll*, et en deux syllabes, comme s'ils étoient écrits *millon*, *billon*, *millar* sans *i* après les *ll*. De même les mots, *groseillier*, *médaillier*, *marguillier*, se prononcent en mouillant les *ll*, et en trois syllabes, comme s'ils étoient écrits, *groseiller*, *médailler*, *marguiller*, sans *i* après les *ll*.

L'*l* finale se prononce mouillée quand elle est immédiatement précédée d'un *i* et d'une autre voyelle, et qu'ils forment tous trois ensemble une même syllabe; comme dans ces mots : ail, soleil, seuil, fenouil, œil, vieil (a. m.)

Quand l'*l* finale n'est précédée que de la voyelle *i* toute seule, alors tantôt elle garde son propre son, tantôt elle est mouillée, et tantôt elle est muette :

Elle garde son propre son dans :	Elle est mouillée dans :	Elle est muette dans :
Exil, viril, puéril, subtil, civil, volatil (a.), pistil, fil, vil (a.), un gentil (un païen).	Avril, babil, péril, fenil, mil (ou, millet), du grésil (petite grêle fort menue et fort dure).	Outil, chenil, fournil, fusil, persil, nombril, sourcil, baril, coutil, gentil (a. m.), *gril*, (dans la prononciation familiere) fils.

L'*l* est mouillée dans le mot *gentilhomme*, mais elle est muette dans son pluriel *gentilshommes*, qui se prononce *gentizommes*.

L'*l* est mouillée dans ces noms propres : Sully, Milhaut.

Dans notre langue il n'y a aucun mot qui commence par une *L* mouillée, excepté le mot *llama* (pr. *lyama*) qui est le nom d'un animal du Pérou, semblable à un petit chameau ; ce mot a passé dans notre langue avec sa prononciation espagnole, (Dict. de l'Acad.)

R.

Cette consonne s'écrit,

1°. Ordinairement par la lettre *r* : raison, république, rapsodie, rum (eau-de-vie de sucre), *rumb* de vent (terme de marine) hémorragie, hémorroïdes, squirre.

2°. Par *rh*, dans certains mots, la plupart dérivés du grec, dont voici le recueil : rhume, rhumatisme, rhubarbe, rhéteur, rhétorique, rhythme, rhinocéros, rhombe (terme de géométrie) arrhes, catarrhe, de la myrrhe, diarrhée, gonorrhée, la ville de *Rheims*, le Rhin, le Rhône ; *rhabiller*, *rhabillage*, (dans ces deux mots, l'*r* qui précède l'*h*, est la particule réduplicative *re*, dont l'*e* est élidé, parce que l'*h* d'*habiller* est muette).

Z.

Cette consonne se marque,

1º. Par la lettre *z*, dans les mots suivans : donzelle, gazelle, gazette, gazon, gazouiller, mazette, bizarre, horizon, de la gaze, du *gaz* (terme de chimie) topaze, bronze, azur, luzerne, lézard, apozème, dizain, dizenier, douze, alezan, vizir, un cheval *zain* (a.) Zeuxis, Zoïle, zone, zodiaque, zinzolin, zigzag, zizanie, marte *zibeline*, du zinc, zoophyte, zoologie, zéro, zéphyr, zénith, entre le *zist* et le *zest*, du riz, rizière, amazone.

2º. Par la lettre *s*, placée entre deux voyelles; comme dans ces mots : masure, hasard, losange (s. f.) césure, magasin, basin, asile, basane, nasal (a.) naseau, houseaux (s. pl.) ciseaux, réseau, caserne, ciseler, léser, bise, blouse, diapason, foison, foisonner, lésion, résipiscence, pusillanime, gisement, gisant, tricoises, turquoise, suffisant, résister.

Dans les mots suivans, l'*s* doit être considérée comme étant entre deux voyelles, attendu que l'*an* qui la précède est une voyelle nasale : transiger, transaction, transit (s.), transitoire, transition.

La lettre *s*, quoiqu'entre deux voyelles dans les mots suivans, y conserve néanmoins son propre son : préséance, désuétude, présupposer, insister, consomption, mansuétude, intrinsèque, *transi* de froid.

Le second se prononce, dans la conversation, *le zgond.*

3º. Elle se marque par *x* dans ces mots : deuxième, sixième, dixième, sixain [dizain] (voyez p. 51, 52), *dix-neuf*, se prononce, *dizneuf.*

La lettre *z* finale est muette; comme dans ces mots : nez, chez, assez, *rez*-de-chaussée, Plessis-*lez*-Tours, sonnez (s. m. terme dont on se sert au jeu de tric-trac, lorsque le dé amène deux six). Excepté dans les noms propres suivans, dont la désinence se prononce *èsse* : Sanchez, Olivarez, Suarez, Rodez (ville de France), Olavidez.

S.

Cette consonne s'écrit,

1°. Par la lettre *s* : sage, savant, savoir, signe, ustensile, salsifis, arsenic, arsenal, sursis, réponse, scorsonère, une anse, une ganse, session, un *seau* d'eau, défense, offense, dépense, pinson (espèce d'oiseau).

2°. Par une double *ss* : *exhausser* un mur, *désiller* les yeux, prémisses (s. pl. terme de logique), nourrisson, polisson, cuisson, mousson, angoisse, pressentir, écrevisse, assassin.

3°. Par la lettre *c* : négociant, parcimonie, cingler, crécelle, ficelle, licenciement, souriceau, exaucer une prière, prémices (les premiers fruits), une salade de *raiponces*, pierre-ponce, *récif* (ou, *ressif*), faire *cession* de ses biens, clavecin, *rincer* un verre, un cygne.

4°. Devant les voyelles *a*, *o*, *u*, cette consonne se marque quelquefois par un ç cédillé : tronçon, limaçon, caleçon, séneçon, suçon (de *sucer*), pinçon (de *pincer*), aperçu, façade. Dans le mot *douceâtre*, l'*e* muet qui est entre le *c* et l'*a* fait l'office de cédille.

5°. Elle s'écrit par un *t* dans ces mots : satiété, balbutier, balbutiement, facétie, facétieux, minutie, minutieux, ambitieux, dévotieux, arguties, inertie, tortionnaire, Dalmatie, Béotie, Nigritie.

Dans les mots suivans le *t* garde son propre son : ortie, garantie, épizootie, apathie, sympathie, altier, savetier, bénitier.

6°. Elle s'écrit par *sc* : scie, faisceau, sceau (cachet, pr. *sô*) science, scission, disciple, de la vesce (sorte de grain), convalescent, adolescent, effervescence, résipiscence, réminiscence, susciter, acquiescer, fascine, fasciner, susceptible, discerner, scène, ascétique, viscère, obscène, sceptre, sceptique, s'immiscer, lascif, ressusciter, rescinder, rescision, scythe, Caribde et Scylla.

7°. Elle s'écrit par *x*, dans ces mots : soixante,

Bruxelles, Auxerre, Auxonne, Aix, Xaintes ; — *six* , *dix* , quand ils ne sont pas suivis de leur substantif, (v. p. 51).

La lettre *s* est ordinairement muette à la fin d'un mot ; excepté dans les mots suivans, où elle se prononce : aspergès, aloès, Cérès, Agnès, Hermès, Thalès, Xerxès, Ximénès ; Midas, Ménélas, Agésilas, etc. ; as, ambesas ; Mars, Rheims ; un lys , une vis , maïs, macis, cacis, nolis, métis , gratis, Adonis, Minos, Argos , etc. ; chorus, rébus, virus , les *us* , etc. ; ils y sont *tous*. On prononce quelquefois l'*s* finale de *fils*.

Lorsqu'au milieu d'un mot, l'*s* est immédiatement suivie d'une autre consonne, elle se prononce ordinairement ; comme dans ces mots : puisque, jusque , presque, lorsque, registre, jurisprudence, jurisconsulte, [juridiction], du jaspe, cascade, ustensile, bascule , masque, houspiller ; *plus que* , *tandis que* , etc. , excepté dans la troisième personne singulière du présent d'*avoir* , (il *est*), où l'*s* est muette.

J.

Cette consonne s'écrit ,

1º. Par la lettre *j* : joie, justice , goujat, donjon ; du jais.

2º. Par la lettre *g* devant les voyelles *é*, *i* : généreux , girouette.

3º. Par *ge*, (c'est-à-dire, par un *g* suivi d'un *e* muet, dont la fonction se borne à conserver au *g* le son de *j*, devant les voyelles *a* , *o* , *u*), vengeance, geôlier, gageure, orgeat, un geai (espèce d'oiseau) pigeon, plongeon.

CH.

Cette consonne se marque ,

1º. Ordinairement par *ch* : charme, choix, revanche, etc.

2º. Par *sch*, dans les mots : schisme, schismatique, schiste (terme d'histoire naturelle).

3°. Par *c*, dans les deux mots italiens, *vermicelle*, *violoncelle*, qui ont passé dans notre langue.

Le caractère *ch* se prononce *k* dans beaucoup de mots, la plupart dérivés du grec, dont voici le recueil: monachisme, orchestre, chorus, chœur, chaos, archonte, conchyliologie, archétype, archiépiscopal, eucharistie, anachorète, chiromancie, chorographie, créancier *chirographaire*, la Chalcédoine, la Chersonèse, la Chaldée, Colchos, Michel-Ange (célèbre peintre italien), yacht (pron. *yak*, espèce de petit navire) chiste (terme de chirurgie), rachitique (se pron. *rakitique* ou *rachitique*; car l'usage n'est pas encore bien fixé sur la prononciation de ce mot), loch (s. m. terme de marine. Morceau de bois qui, étant attaché à une ficelle divisée par des nœuds, et jeté dans la mer, sert à mesurer la vîtesse de la marche d'un vaisseau). Melchior, Melchisédec.

Le *ch* se prononce aussi *k* dans tous les mots où il est immédiatement suivi d'une *r*, d'une *l*, d'une *n*, ou d'un *t* : christ, chrétien, chrysalide, chronologie, anachronisme, synchronisme, chromatique, chronique, cochléaria, technique, ichneumon, ichtyologie, ichtyophage.

Le *ch* se prononce encore *k* dans les mots où il est immédiatement précédé d'un *c* : Bacchus, bacchante, bacchanale, ecchymose.

Le *ch* a le son de *g* dans le mot *drachme*, qui se prononce et même s'orthographie aujourd'hui *dragme*.

Y.

Cette consonne s'écrit,

1°. Entre deux voyelles, ordinairement par un *ï* tréma, comme dans ces mots : naïade, faiance, gaïac, camaïeu, aïeul, païen, baïonnette, taïaut, Laïus, Maïa; *aïe*, vous me blessez! (1) (v. p. 19, quand l'*ï* tréma représente la voyelle *i*.)

---

(1) L'interjection *aïe!* est un monosyllabe; mais le participe féminin, *elle est* HAÏE, se prononce en deux syllabes, *ha-ïe*; et l'*i* y est voyelle et non pas consonne. Le mot *caïman* se prononce en deux syllabes *caï-man*, en conservant à l'*a* son propre son; et l'*i* y représentant la consonne *y*, comme il fait dans l'interjection *aïe!*

2°. Par un *i* simple, quand il est *précédé* d'un *é* fermé et suivi d'une autre voyelle : théière, caféière, pléiades, pléion, planchéier, grasséier, languéier, plébéien, Pompéia. — Remarquez que dans tous ces mots l'*i* représente réellement la consonne *y* et non pas la voyelle *i* ; mais dans ceux-ci : déiste, déisme, athéisme, obéir, réintégrer, fidéicommis, Enéide, Briséis, etc., et dans tous ceux où l'*i* est immédiatement suivi d'une consonne ou d'un *e* muet, il représente la voyelle *i*.

3°. Elle se marque par le caractère *y* (qu'on appelle y grec) dans ces mots : yeux (plur. d'*œil*), yeuse, yacht, Yonne (nom d'une rivière de France).

Elle se marque encore par *y* dans beaucoup de noms propres, où cependant elle n'a que la valeur d'un *i* tréma : Mayence (pr. *Maïence*, et non pas *Mai-ience*), Mayenne, Bayonne, Cayenne, Blaye, la Biscaye, Bayard.

Excepté les noms propres, quand, dans le même mot, le *y* suit immédiatement un *a*, il fait prendre à cet *a* le son d'*é* fermé, et il conserve, lui, son propre son ; par exemple, ces mots :

crayon,	se prononcent,	*cré-yon*,
rayon	. . . . . .	*ré-yon*,
frayeur	. . . . . .	*fré-yeur*,
payer	. . . . . .	*pé-yer*,
essayer	. . . . . .	*essé-yer*,
layette	. . . . . .	*lé-yette*,
ayons	. . . . . .	*é-yons*,
ayez	. . . . . .	*é-yez*,
paye	. . . . . .	*pé-ye*,
que j'*aye*	. . . . . .	*j'é-ye*,
pays,	se prononcent,	*pé-i*,
paysan	. . . . . .	*pé-i-zan*,
abbaye	. . . . . .	*a-bé-ie*.

ces mots :

Quand, dans le même mot, le *y* suit immédiatement un *o*, il forme avec lui la diphthongue *oi* (*wè*) ; quand il suit immédiatement un *u*, il forme avec lui la diphthongue *ui* (*wi*) ; et, en outre, il conserve son propre son dans l'un et l'autre cas ; par exemple ces mots :

moyen, se pr., *mwè-yen,*	appuyer, se pr. *appwi-yer,*
citoyen . . . *citwè-yen,*	ennuyer . . . . *ennwi-yer,*
ployer . . . *plwè-yer,*	essuyer . . . . *esswi yer,*
broyer . . . *brwè-yer,*	écuyer . . . . *èkwi-yer.*

La désinence de ces mots : *pluie, truie,* de la *suie, j'appuie, j'essuie,* il *ennuie,* etc. se prononce comme s'ils étoient orthographiés par *y* grec : *pluye, j'appuye,* etc.; car ces mots se prononcent : *plwi-ie, j'appwi-ie,* et non pas, *plu-ie, j'appu-ie.*

Remarquez que les troisièmes personnes plurielles *ayent, croient,* sont des monosyllabes, et ont le même son que leur singulier *ait, croit,* excepté que le singulier se prononce *bref,* au lieu que le pluriel se prononce *long.* Par exemple :

» . . . . L'objet le plus rare et le plus précieux
» Que jamais à la terre *ayent* accordé les cieux.

———————

» Que tant de rois ne *croient* assurer leur victoire
» Qu'en éloignant de lui jusques à sa mémoire.

G.

Cette consonne s'écrit,

1º. Par la lettre *g,* devant une autre consonne : gloire, grandeur, fragment, segment, flegme, apophthegme, énigme, dogme ; et devant les voyelles *a, o, u* : gant, gozier, goût, gaîté, énergumène, ciguë, garantir, cigogne.

2º. Par *gu* (c'est-à-dire, par un *g* suivi d'un *u* muet) devant les voyelles *e, i* ; comme dans ces mots : guenille, guérir, guêpe, narguer, gueuser, guide, guimpe, gueule, aiguiser, digue, figue, fatigue.

Aux mots de la désinence *gue,* où l'*u* se prononce comme il fait dans *ciguë,* on met un tréma sur l'*e* final.

(Voyez à la p. 32, les mots où l'*u* est muet après le *g,* et ceux où il forme diphthongue avec la voyelle suivante.)

Comme il est de règle de prononcer le *g* avec son propre son, devant les voyelles *a*, *o*, *u*, il semble qu'on devroit toujours écrire sans *u* le *g* devant un *a* ou devant un *o*; cependant un usage bizarre fait mettre, aux *verbes* et aux *participes actifs*, un *u* oiseux et inutile à la prononciation. Par exemple, on écrit: je conjuguois, il légua, nous haranguâmes, il intriguoit, j'alléguai, nous fatiguons; aiguayer un cheval, divaguant, divulguant, etc. Mais, aux *substantifs* et aux *adjectifs*, l'orthographe rentre dans la règle; car on écrit sans *u* ces mots : langage, prodigalité, extravagant, intrigant, fatigant, arrogant, conjugaison, allégation, délégation, etc. excepté le seul mot *aiguade*, que l'on devroit bien faire rentrer dans la règle, en y supprimant cet *u* inutile.

La lettre *c* se prononce *g*, dans ces mots : second (v. p. 26, 41), Claude; *drachme* se pron. et même s'écrit aujourd'hui *dragme*.

La lettre *g* se prononce *k* dans la premiere syllabe du mot gangrène (qui se prononce *kangrène*).

La lettre *g* est ordinairement muette à la fin d'un mot; par exemple : rang, sang, étang, orang-outang, hareng, seing (signature), jong, faubourg, etc.; excepté dans : legs (pron. *lègue*) joug, bourg, zigzag.

La lettre finale *g* se prononce *k* lorsque le mot qui suit immédiatement commence par une voyelle : un *rang élevé*; suer *sang et* eau; un *long étonnement*. Dans le mot *suggérer*, le premier *g* garde son propre son, et le deuxième prend le son de *j*; car on prononce *sug-jé-rer*.

Q *ou* K.

Cette consonne s'écrit,

1°. Par *c* devant une autre consonne : clameur croissant etc., et devant les voyelles *a*, *o*, *u* : canal, comique, curieux, coupable, fabricant, chacun, carré, carte géographique, cartier (fabricant de cartes à jouer), rocaille, coi (a.) alcali;

2°. Par *qu*, (c'est-à-dire par un *q* suivi d'un *u* muet) comme dans ces mots : paquet, querelle, quille,

quasi, troquer, vaquer, le quart, quartier, quar-
teron, une quarte (mesure contenant 2 pintes),
reliquataire, antiquaille, trafiquant (s.), un requin.
(Voyez à la page 32 les mots où l'*u* est muet
après le *q*, et ceux où il forme diphthongue avec
la voyelle suivante)

3°. Par *cqu*, dans ces mots : acquis (a. et s.)
acquit (s.) acquet, acquérir, acquiescer, acquit-
ter, becquée, becqueter, (ou, béquée, béqueter).

4°. Par un simple *q*, dans les mots : *piqûre*, coq,
cinq.

5°. Par *ch* dans certains mots, dérivés du grec,
dont nous avons donné le recueil à la page 44.

6°. Par la lettre *g* dans quelques mots dont nous
avons parlé à la page 47.

7°. Par le caractère *k*, dans quelques mots étrangers qui ont passé dans notre langue : kyrielle,
kiosque, le *kan* des Tartares, *lok* (terme de
médecine emprunté de l'arabe), du café *moka*,
la ville de *Pékin*.

La consonne finale *c* se prononce ordinairement,
comme elle fait dans ces mots : sac, lac, talc, mic-
mac, avec, échec, donc, du zinc, hamac, trafic,
repic, ric-à-ric, stuc, suc, caduc (a.) busc, musc,
porc, public (a.).

Excepté les mots suivans, où il est muet : tabac,
estomac, almanach, un lacs, du *marc* de café, poids
de *marc*, un *marc* d'or, du *porc frais*, croc, broc
de vin, accroc, escroc, cric (machine dont se servent
les charretiers), arsenic, porc-épic (pr. *porképi*),
arc-boutant, jouer aux échecs, blanc, franc, banc,
flanc.

La lettre *c* se prononce *g* dans certains mots, ainsi
qu'on l'a vu à la page 47.

H.

Cette consonne se marque toujours par la lettre *h* :
héros, hache, etc. Mais, comme la lettre *h* est muette
dans beaucoup de mots, et qu'il n'y a pas de règle
certaine pour connoître quand elle doit être prononcée

ou bien rester muette, nous allons, d'après le dictionnaire de l'académie, donner, par ordre alphabétique,
le recueil des mots où l'*h* initiale se prononce : les
mots qui ne se trouvent pas compris dans cette liste,
ont leur *h* initiale muette.

Ha! habler, hache, hagard, haha (voyez p. 331
de la gramm.) haie, haie haïe (cri que font les
charretiers pour animer leurs chevaux), haillon, haine,
hair, haire (s. f.) halage, halbran, halbrené, hâle,
haleter, halle, hallebarde, hallier, faire halte, hamac,
hameau, hampe, hanche, hanneton, hanter, happer,
haquenée, harangue, haras, harasser, harceler, harde
(troupe de bêtes fauves) hardes (s. pl.) hardi, hareng,
hargneux, haricot, haridelle, harnois, haro, harpe,
harpie, harpon, la hart, hasard, hâte, hausser, haut,
have (a.) havre, hé! héaume, hem! hennir, héraut
d'armes, un pauvre hère, hérisser, hérisson, hernie,
héros, herse, heurter, hibou, hideux, la hiérarchie,
hisser, hobereau, hocher, hochet, holà! homard
(écrevisse de mer), hongre, honnir, honte, hoquet,
hoqueton, horde, horion, hors, hotte, houblon,
houe, houille', houle, houlette, houper (v.), houppe,
hourvari, houseaux (s. pl.), houspiller; *houssard*,
housard ou *hussard*; housse, houx, hoyau, huche,
huer, huées, huguenot, hulotte, humer, hune, huppe,
hure, hurler, hutte.

L'*h* se prononce aspirée dans les mots qui dérivent
ou sont formés de ceux-là; excepté les dérivés de *héros*
dans lesquels l'*h* est muette; car on écrit et on prononce : *l'héroïne* d'un roman, *l'héroïsme*, *son héroïque*
vertu. Excepté encore les deux mots *exhausser*, *ex-
haussement* où l'*h* est muette, quoiqu'elle se prononce
dans leur primitif *haut*. Excepté enfin *hormis* où l'*h*
est muette, quoiqu'elle soit aspirée dans *hors*.

Devant le mot *huit*, on n'élide point la voyelle
finale du mot qui la précède immédiatement; car on
écrit sans élision : « *Le huit* de ce mois. *La hui-
tième* page. Vers *les huit* heures (sans prononcer l'*s*
de *les*) *De huit* qu'ils étoient. Nous ne sommes *que huit.*»
Je ne crois cependant pas que ce soit parce que l'*h*
initiale du mot *huit* soit aspirée, ainsi que le dit le

D

Dictionnaire de l'Académie ; car il me paroît manifeste que cette *h* y est réellement muette, et non pas aspirée comme elle l'est dans *huche*, *huer*, *hure*, etc. La vraie cause de cette élision est que le mot *huit* se prononce comme s'il étoit écrit *wit*, et qu'ainsi la consonne initiale *w* sauve l'hiatus.

L'*h* est ordinairement muette au milieu d'un mot non dérivé de quelqu'un de ceux dont nous venons de donner le recueil ; par exemple, ces mots :

trahir,	se pron.,	*trair*,	inhumer,	se pr.	*i-numer*,
envahir	. . . . .	*envair*,	souhait	. . .	*sou-ait*,
s'ébahir	. . . .	*s'ébair*,	reprehensible	. . .	*répré-ensible*,
cahier	. . . .	*caier*,	exhaler	. . .	*egzaler*.
incohérent	. . .	*incoérent*,	exhéréder	. . .	*egzéreder*,
abhorrer	. . . .	*aborrer*,	exhiber	. . .	*egziber*,
prohiber	. . .	*proiber*,	exhumer	. . .	*egzumer*,
prohibition	. . .	*proibition*,	exhorter	. . .	*egzorter*,
inhérent	. . . .	*i-nerent*,	chat-huant	. . .	*cha-u-ant*,
inhérence	. . . .	*i-nérence*,	adhésion	. . .	*a-dé zion*,
inhibition	. . . .	*i-nibition*,	Ibrahim	. . .	*I-bra-ime*.

Cependant l'*h* s'aspire dans ces mots : ahan, aheurté, cohue, cohorte, cahot, cahutte, bahut, cahin-caha (adv.)

On prononce *la Hollande*, *un Hollandois*, en aspirant l'*h* ; mais on dit : de la toile *d'Hollande*, du fromage *d'Hollande*, en laissant l'*h* muette. De même, l'*h* s'aspire dans : la Hongrie, les Hongrois (sans prononcer l'*s* du mot *les*) ; mais elle est muette dans : du point *d'Hongrie*, de l'eau de la reine *d'Hongrie*.

X.

Cette lettre représente deux consonnes réunies, savoir, *ks* ou *gz*, suivant qu'on la prononce.

L'*x* se prononce *ks*,

1°. Quand il est immédiatement suivi d'une consonne, comme dans ces mots : extrême, exploit, expression, exquis, exsuder, exfolier, mixtion.

2°. A la fin d'un mot : borax, onyx, préfix, phénix, index, Ajax, le styx, lynx, le sphinx.

Quand même à la fin d'un mot l'*x* seroit suivi

d'un *e* muet final, comme dans ces mots : taxe, fixe, sexe, paradoxe, luxe.

3ᵛ. Au commencement des mots ; par exemple : Xerxès, Xénophon, Ximénès, Xénocrate, Xantippe, etc. Excepté, Xavier, où l'*x* se prononce *gz*.

Entre deux voyelles, ou entre une voyelle et une *h* muette, l'*x* se prononce ordinairement *gz* ; comme dans ces mots : examen, exemple, exercice, exaucer une prière, exhausser un mur, inexorable, exalté, exhaler, exhiber, exhumer, exaspérer, exubérance, exorde. Excepté les mots suivans, où l'*x* se prononce *ks* : Alexandre, Alexis, Zeuxis, Ixion, fluxion, réflexion, inflexion, apoplexie, oxigène, luxer, luxure, vexer, taxer, relaxer, oxycrat, oxymel, sexagénaire.

Nous avons vu p. 42, les mots où l'*x* a le son d'*s* ; et p. 41, ceux où il a le son du *z*.

L'articulation composée *ks*, que nous représentons ordinairement par *x*, se marque encore dans notre orthographe par différentes combinaisons de lettres ; savoir :

1°. Par deux *cc* : accès, accident, succès, succion, succinct, accent, occident, etc.

2°. Par *ct* : action, faction, abjection, induction, fonction, diction, fiction, paction, décoction, etc.

3°. Par *xc* : exceller, excéder, excepté, exciper, exciter, excès.

4°. Par *cs*, dans le mot *tocsin*.

L'*x* final est muet dans les substantifs suivans : perdrix, crucifix, le *flux* et *reflux* de la mer.

Il est muet dans les adjectifs en *eux*, *oux*, *aux* ; mais quand ces adjectifs sont immédiatement suivis de leur substantif, commençant par une voyelle, alors leur *x* final prend le son de *z* pour se lier avec la voyelle initiale du substantif ; par exemple, ces mots : heureux amans, se prononcent, *heureu-zamans*, faux accord . . . . . . *fau-zaccord*, doux espoir . . . . . . *dou-zespoir*.

L'*x* final des articles numératifs *deux*, *six*, *dix*, est muet, quand ils précèdent leur substantif qui commence par une consonne ; comme est muette, dans le même cas, la consonne finale des autres articles numératifs : *trois*, *cinq*, *sept*, *huit*, *neuf*, *vingt* ; par exemple, ces mots :

deux pommes,	se prononcent,	*deu* pommes,
trois femmes	. . . . . .	*troi* femmes,
cinq pieds	. . . . . .	*cin* pieds,
sept lieues	. . . . . .	*sè* lieues,
huit chevaux	. . . . . .	*hui* chevaux,
neuf livres	. . . . . .	*neu* livres,
six feuilles	. . . . . .	*si* feuilles,
dix plumes	. . . . . .	*di* plumes,
vingt moutons	. . . . . .	*vin* moutons.

Mais lorsque ces articles numératifs sont immédiatement suivis de leur substantif commençant par une voyelle ou une *h* muette, alors leur consonne finale se prononce et se lie avec la voyelle initiale de leur substantif, de la manière suivante :

deux amis,	prononcez,	*deu-zamis*,
six hommes	. . . .	*si-zommes*,
dix officiers	. . . .	*di-zofficiers*,
trois enfans	. . . .	*troi-zenfans*,
cinq années	. . . .	*cin-kanées*,
sept hirondelles	. . . .	*sè-tirondelles*,
huit oranges	. . . .	*hui-toranges*,
vingt articles	. . . .	*vin-tarticles*,
neuf heures	. . . .	*neu-veures*, (v. p. 30).

On prononce *dix-neuf*, comme s'il étoit écrit *diz-neuf*.

Des signes orthographiques.

OUTRE les *lettres*, nous employons, dans l'orthographe françoise, diverses petites *marques*, ainsi qu'il suit :

1°. Trois sortes *d'accens* ; savoir :

L'*aigu* (') dont nous marquons l'*é* qu'on appelle *fermé*, et tel qu'il est dans ces mots : *pré*, *été*, *créé*.

Le *grave* (`) dont nous marquons :

l'*è* appelé ouvert, tel qu'il est dans ces mots : *succès*, *aloès*, *poème*, *ébène*.

L'*à*, préposition, (il est *à* Paris), pour le distinguer de la troisième personne singulière du présent du verbe *avoir* (il *a* raison).

L'*où*, adverbe (*où* allez-vous ?), pour le distinguer d'*ou* conjonction (Pierre *ou* Paul l'a dit).

Là, adverbe démonstratif, (mettez *là* ce livre) pour le distinguer de l'article féminin *la* (*la* République).

Dès, préposition, (*dès* aujourd'hui) pour le distinguer de *des*, contraction de *de les*, (*des* hommes m'ont dit...)

Enfin, on marque d'un accent grave l'*a* des mots : *holà*, *déjà*, *çà* et *là*, *de-çà* et *de-là*; *çà*, dites-moi la vérité.

Le *circonflexe* (^) dont nous marquons :

certaines voyelles, pour indiquer qu'elles sont longues ; comme dans ces mots : âge, chêne, île, abîme, trône, pôle, poêle, jeûne (s.) flûte, gaîté, (ou, gaieté), nous vînmes, il dîne, il traîne, aîné.

Dû, participe passif d'*avoir*, (il a *dû* partir); pour le distinguer de *du*, contraction de *de le* (à la sortie *du* bois).

Crû, participe passif de *croître* (la rivière a *crû*); pour le distinguer du participe passif de *croire*, (j'ai *cru* avoir raison).

Il croît, il paroît, troisième personne singulière du présent de l'indicatif des verbes *paroître* et *croître* ; pour les distinguer de *il croit*, troisième personne singulière du présent de *croire*, et de *il paroit* tous les coups qu'on lui portoit, présent relatif de *parer*.

2°. L'apostrophe (') qui est une virgule que l'on met au-dessus de la place où une voyelle a été élidée ; comme dans ces mots : l'homme, presqu'île, d'albâtre, entr'acte, contr'échange ; grand'mère, à grand'peine, s'il, l'amitié, donnez-m'en, va-t-en, viens-t-en me voir, garde-t-en bien, priez-l'en de ma part, c'en est assez, ç'a été lui.

3°. La *cédille* (,) qui est un petit *c* tourné de droite

à gauche que l'on met sous le ç, quand il doit être prononcé comme une s devant les voyelles a, o, u ; comme dans ces mots : il perça, il conçoit, il reçut ; çà, payez-moi ; ç'a été vous.

4°. Le *tréma* (¨) qui consiste dans deux points que l'on met sur les voyelles ï, ü, lorsqu'elles doivent se prononcer détachées et distinctes d'une autre voyelle qui les précède immédiatement ; comme dans ces mots : maïs, égoïsme, prosaïque, haïr, héroïque, conoïde, stoïcien, coïncider, ouïr, ouï (participe d'ouïr), l'ouïe, Héloïse, Moïse, Laïs, Saül, Ésaü, Alcinoüs, Zoïle, Caïn.

On met aussi un tréma sur l'ï, quand, entre deux voyelles, il représente la consonne y, comme il fait dans ces mots : aïeul, paien, faïence, naïade, Maïa, Laïus.

Cependant, quand l'ï suit immédiatement un é fermé, on n'y met pas de tréma ; soit que cet i représente la voyelle i, comme il fait dans ces mots : obéir, fidéicommis, réintégrer, déiste, Enéide, Briséis, etc. ; soit qu'il représente la consonne y, comme il fait dans ces mots : théière, caféière, plébéien, pléiades, etc.

Quand, dans un même mot, les deux voyelles *ui* se prononcent chacune séparément, et forment, non pas diphthongue comme dans *nuit*, *puits* ; mais deux syllabes distinctes, comme dans le mot *fortuit*, qui est de trois syllabes ; il paroît qu'on devroit mettre un tréma sur l'i : cependant l'usage est d'écrire sans tréma les mots suivans, où l'*ui* forment pourtant deux syllabes : annuité, viduité, fatuité, ambiguité, assiduité, perpétuité, perspicuité, superfluité, continuité, contiguité, fortuit, gratuit, intuition, suicide.

Quand, dans un même mot, l'é fermé ou l'è ouvert suit immédiatement une autre voyelle, l'accent qui est sur ces e, suffit pour indiquer leur séparation d'avec la voyelle précédente : Poésie, poème, poète, aloès, aéré, aérien, aérostat, proéminence, Noé, le lac Méroé, Pasiphaé, Chloé. — On écrit sans accent ni tréma l'e de ces deux mots : *coercitif*, *coercition* ; mais l'usage fait mettre un tréma sur l'ë de ceux-ci : Noël, Raphaël, Samuël, Israël, Hazaël.

Comme il y a deux manières de prononcer la désinence *gue*, il faut marquer d'un tréma l'*e* final muet des mots de cette désinence, où l'*u* se prononce, comme dans *ciguë*, *aiguë*, etc. ; et ne pas mettre de tréma sur l'*e* final de ceux où l'*u* ne sert qu'à conserver au *g* son propre son, comme dans *figue*, *digue*, etc.

5°. Le *tiret* (-) qui est un petit trait horizontal servant à plusieurs usages ; savoir :

Il sert à lier ensemble certains *mots simples*, à l'effet d'en faire des *mots composés* ; par exemple : belles-lettres, pont-levis, contre-ordre, long-temps, lettre-de-change, eau-de-vie, arc-en-ciel, vert-de-gris, coq-à-l'âne.

Dans les phrases interrogatives et optatives, le tiret sert à lier le verbe à certains pronoms qui le suivent en qualité de sujet ou nominatif ; par exemple : veux-je ? viens-tu ? peut-il ? savons-nous ? peuvent-ils ? sait-on..? puisse-tu...! puissions-nous...! puissiez-vous...! puissé-je...! Qu'*est-ce* que vous demandez ? Quelles gens *sont-ce-là* ? Quel discours *est-ce-là* ? — Dans ces sortes de phrases, quand le verbe finit par un *e* muet, ou par un *a*, alors, pour éviter l'hiatus, on intercale, entre le verbe et son sujet, un *t* euphonique, précédé et suivi d'un tiret ; par exemple : aime-t-il ? aime-t-elle ? aime-t-on, va-t-il ? va-t-elle ? va-t-on ? puisse-t-il...! puisse-t-elle..! puisse-t-on...!

Dans les phrases impératives, le tiret sert à lier le verbe à certains pronoms qui le suivent en qualité de régime ; comme dans ces phrases : ménagez-le, écrivez-lui, prêtez-les-moi, faites-le-lui voir, prêtez-nous-les, demeurons-en là, tenons-nous-en là, allez-vous-en, va-t'en le voir, viens-t'en me voir, garde-t'en bien, ayez-en bon soin, cherchez-en la raison, prenez-en, courez-y, prenez-y garde, fiez-vous-y, rendez-vous-y.

L'adjective *même*, quand il suit un pronom

personnel pour marquer plus expressément, plus affirmativement, la personne dont on parle, se lie à ce pronom par un tiret; par exemple : moi-même, toi-même, lui-même, elle-même, soi-même, nous-mêmes, vous-mêmes, eux-mêmes, elles-mêmes.

L'adverbe *très* se lie toujours, par un tiret, au mot qu'il modifie; par exemple : très-vertueux, très-sagement, très-bien, très-tard, très-fort, très-peu.

Les particules démonstratives *ci*, *là*, se lient par un tiret au nom ou au pronom qui les précède immédiatement; par exemple : cet homme-ci, cette femme-là, celui-ci, celle-là, en ce temps-là, ce mois-ci, etc. — Mais quand la particule *là* suit un mot qui n'est ni nom ni pronom, alors elle ne doit pas y être liée par un tiret; par exemple, il faut écrire sans tiret : *mettez là ce livre; jusque là; allez là; qui va là?* etc. — On écrit pourtant avec un tiret ces locutions : *par-ci, par-là, alte-là!* — Mais dans ces locutions: *demeurons-en là; tenons-nous-en là*, on ne lie pas la particule *là* au pronom relatif *en* qui la précède. On ne lie pas non plus la particule *là*, au mot qui la précède, dans les phrases de l'espèce des suivantes : Que dites-*vous là?* sont-*ce là* nos gens? est-*ce là* ce que vous m'aviez promis?

Quand la particule démonstrative *ci* précède immédiatement un adjectif, elle s'y lie par un tiret : le mémoire *ci-joint*; les témoins *ci-présens*. Il en est de même quand elle précède immédiatement les mots, *dessus, dessous, devant, après, contre*; par exemple : ci-dessus, ci-dessous, ci-devant, ci-après, ci-contre.

On réunit par des tirets certains articles numératifs, lorsqu'ils forment ensemble un même nombre total; par exemple : dix-sept, dix-huit, dix-neuf, vingt-deux, vingt-trois, etc.,

trente - deux , etc. , quarante - deux , etc.,
soixantè-deux , etc. , quatre-vingts , quatre-
vingt-un , quatre-vingt-dix-sept , etc. , six-
vingts ; mais quand l'article numératif *un* ,
suit *vingt* , *trente* , *quarante* , etc. , il ne s'y
lie pas par un tiret, mais par la conjonction
et ; car on écrit et on prononce : vingt *et* un ,
trente *et* un , quarante *et* un , cinquante *et* un ,
soixante *et* un ; de même , on écrit et on
prononce : soixante *et* dix , soixante *et* onze ,
soixante *et* douze , etc. , soixante *et* dix-sept ,
soixante *et* dix-huit , soixante *et* dix-neuf ,
(voyez p. 172 de la Grammaire).

Quand un individu a plusieurs prénoms , on les lie
ensemble par des tirets ; par exemple : *Jean-Pierre-
François* Lefranc.

Enfin, on se sert du *tiret*, quand, à la fin d'une
ligne, ayant commencé un mot polysyllabe, on est
obligé, faute d'espace, de le finir au commencement
de la ligne suivante ; alors, par le moyen d'un tiret
qu'on met à la fin de la ligne, après la partie du mot
qu'on n'a pu y finir, on lie ensemble les deux frac-
tions ou coupures de ce mot : mais il faut avoir soin
que la coupure laisse entières chacune des deux syllabes
qu'elle sépare ; par exemple, s'il s'agissoit de couper
les mots suivans , il faudroit faire la coupure comme
il suit : plai-sir , meu-nier , mou-ton , sei-gle , ai-gre ,
rè-gle , ra-cler , hum-ble , ve-xer , sou-fre , nè-gre ,
mè-tre , nè-fle , cham-bre , sou-ple , pou-dre , la-dre ,
foi-ble.

Cependant, lorsqu'une voyelle , soit initiale (comme
dans ces mots : *a-bus* , *é-bène* , *i-lote* , *o-ser* , *u-tile*) ,
soit finale (comme dans *cré-é* , *caca-o* , *Esa-ü*) forme
à elle seule une syllabe, il faut éviter de la couper ou
séparer du mot dont elle fait partie.

Quand deux consonnes contiguës (excepté fl , fr ,
gl , gr , cl , cr , pl , pr , bl , br , dr , tr ,) sont entre
deux voyelles dans un mot qu'il s'agit de couper vers
l'endroit de ces deux consonnes , il faut faire la coupure entre les deux consonnes ; par exemple : fem-me ,
hom-me , dam-ner , am-nistie , don-ner , ef-fet , ab-bé ,

ad-dition, bret-te, cal-mer, frap-per, par-ler, pal-per,
suc-cès, ex cès, ac-quis, fais-ceau, fas-cine, civis-me,
dog-me, éni·gme, frag-ment, fleg-me, ar·rêt, mouil ler,
veil-ler, vieil-lard, tail-ler, fil-le, feuil-le, etc. Remarquez cependant qu'il ne faut pas séparer les consonnes
. *ph*, lorsqu'elles représentent l'articulation *f;*
. *th*, lorsqu'elles représentent l'articulation *t;*
. *rh*, lorsqu'elles représentent l'articulation *r;*
   gn, lorsqu'elles représentent l'*N mouillée.*
Ainsi les mots suivans doivent être coupés de cette
manière : cam-phre, Py-thie, diph-thongue, apophthegme, catar-rhe, diar-rhée, ar-rhes, rè-gne, si-gne,
pei·gne, cigo-gne, répu-gner, Allema·gne, etc. —
Dans les mots où les consonnes *gn* représentent chacune leur propre son, il vaut mieux faire la coupure
entre elles; par exemple : stag-nant, ig·né, ag-nat,
Prog-né, etc.
   Quand, dans un même mot, il y a *trois* consonnes
contiguës entre deux voyelles, il faut faire la coupure
de manière que la première de ces consonnes soit avec
la voyelle qui les précède, et les deux autres avec la
voyelle qui les suit; comme dans ces mots : es·croc,
ac·croc, af-freux, cof-fre, ac-clamation, ag-graver,
ob-scène, ob·stacle, as thme, souf-fle, af-fluer, exploit, mus·cle, etc., excepté, je crois, le mot *atmo-*
sphère que l'on devroit couper *atmo-sphère*, et non pas
atmos-phère.
   Nous avons dit que, lorsqu'on est obligé de couper
un mot en deux, il faut que la coupure laisse entières
chacune des deux syllabes qu'elle sépare : mais cela
est impossible dans les mots où le *y* forme diphthongue avec l'*o* ou l'*u* qui le précède; car, comme le *y*
remplit alors la double fonction d'*i* voyelle et de *y,*
(ainsi qu'on l'a vu p. 45) et qu'on ne peut pourtant
pas couper ce caractère en deux parties, l'une pour la
voyelle *i*, et l'autre pour le *y*, on est forcé, par con-
séquent, de faire la coupure entre la voyelle et le *y,*
de la manière suivante : mo-yen, cito yen, mo-yeu,
écu-yer, appu-yer, etc., quoiqu'on prononce : *moi-yen,*
citoi-yen, moi-yeu, écui-yer, appui-yer, etc., et non pas,
moïen, citoïen, moïeu, écuïer, appuïer, etc., comme cette
coupure l'indique faussement.

Des consonnes doubles ou simples.

COMME, dans l'orthographe françoise, nous n'avons aucune règle certaine pour savoir quand il faut doubler une consonne ou ne pas la doubler, et qu'on ne peut apprendre cela que par l'usage, nous allons donner une liste des mots qui, sur ce point, présentent quelque difficulté. Nous suivrons l'ordre alphabétique des consonnes.

Simples.	B.	Doubles.

B.

Simples	Doubles
Abattre, aboyer, abréviation, abrégé.	Abbé, rabbin, sabbat.

C.

Simples	Doubles
Éclairer, s'acoquiner, acrostiche.	Accrocher, accourcir, accourir, accroître, accoler, accréditer ; etc., accommoder, dessiccation, accolade, acclamation, ecclésiastique, occasion, occurrence, accaparer.

D.

Simples	Doubles
Adapter, *adition* d'hérédité.	Addition, reddition de compte.

F.

Simples	Doubles
Café, safran, défaut, échafaud, sifre, cafard, carafe, carafon, parafe, agrafe, girafe, sofa, naufrage, gaufre, soufre (s.), soufrer, bafouer, trafic, défense, défendre, afin, Afrique, trèfle, nèfle, safre, balafre, bâfre, Chafouin.	Piffre, chiffre, biffer (v.), affronter, effet, effort, effrayer, effleurer, effaroucher, ineffable, gouffre, souffrir, affliger, affluer, affubler, offre, coffre, coiffe, souffle, buffle, bouffon, offense, suffrage, raffiner, raffoler, chauffage, truffe, suffragant, suffisant, affiche, effigie, difficile, difforme, affaire.

Simples. **G.** *Doubles.*

Agrandir, agression, agresseur, agréger, agrégation.

Aggraver, agglomérer, suggérer, suggestion.

L.

Modèle, fidèle, cautèle, parallèle, mule, pilule, toile, argile, argileux, frileux, foule, poule, moule, alègre, alégresse, alarme, galerie, la gale, galeux, préalable, poêle, poêlon, calus, ventiler, ralentir, pulluler, cellule, colosse, interpolation, le *palier* d'un escalier, alonger, accolade, colature, filet, familier, la houle.

Imbécille, tranquille, pupille, idylle, sibylle, rebelle, libelle, moelle, truelle, pelle, nielle, vielle (instrument de musique), intervalle, vallon, vallée. colline, collège, coller, solliciter, vaciller, calleux, annuller, allégorie, alléguer, alléger, allécher, allouer, allumer, allaiter, allure, noix de *galle*, cristallin, collation, mollesse, amollir, moellon, allégro, collaborateur, allier, rallier, il a *fallu*.

M.

Bonhomie, homicide, femelle, féminin, tempérament robuste, amodiateur, amincir, amortir, amollir, omettre, amoindrir, fromage.

Dommage, hommage, homme, hommasse (a.), gomme, pomme, pommade, somme, grommeler, commode, sommeil, grammaire, commander, commentaire.

N.

Cane (femelle du canard), canon, canule, banal (a.), cinabre, la Méditerranée, le Prytanée, peur panique, se pavaner, sonore, dissonant, dissonance, [sonner], détoner, [tonner], anéantir, inonder, avènement, évènement, entretènement, entrepreneur, scorsonère, septénaire, [septennal], pancterie, les bamans, erroné, enivré, enorgueillir, la bonace (s.), bonasse (a.), apanage.

Innocent, innover (pron. les deux *nn*), annexer (pron. les deux *nn*), annonce, honnête, honneur, [honorer, honorable], annuller, canonner, cannelle, pinnule, [canule], bannir, [banal], débonnaire (a.), s'abonner, abonnir, abonnement, griffonner, panneau, personnifier, baïonnette, savonnette, marionnette.

P.

Simples.	Doubles.

Fripon, fripier, dupe, jupe, [huppe], saper, tapage, apanage, apurer, occuper, apaiser, aposter, aplanir, aplatir, apercevoir, apetisser, trapu, dissipé, Apollon, rapiécer.

Appas (s. pl.), appât, choppement, appétit, appéter, supplément, supplanter, supprimer, suppléer, supplier, apprêt, apparat, appentis, appartement, appauvrir, approprier, appesantir, apprécier, supposer, échapper, approfondir, appartenir, hippopotame.

R.

Courir, mourir, une *arête* de poisson, charier, chariot, véreux, [verrue], férule, [ferrure], insérer, [serrer], de la bière, [lierre], conclure, exclure, jouer aux tarots, carotte, baril, haras, cabaretier, [charretier] guère (adv.), taureau, maroquin, garenne.

Nourrir, pourrir, arrêt, jarret, charrue, verrue, charrette, carrosse, carriole, carré, carrillon, corridor, garrotter, arrhes, catarrhe, de la myrrhe, pyrrhonien, squirre, diarrhée, gonorrhée, hémorragie, hémorroïdes, bourru, torrent, fourrer, fourrure, fourreau, carreau, barreau, sarrau, courroux, bourre, leurre, beurre, lierre, pierre, courrier, fourrier, fourrage, arrondir, interroger, s'arroger, parrain, marraine, marron, embarras, [haras], occurrence, résurrection, je pourrai, je verrai, horreur, abhorrer, bourru, bourrique, barrique, barricade, verrat.

S.

Foison, foisonner, suffisant, rescision, gisant, gisement, résipiscence, préséance.

Cuisson, angoisse, essoriller, aisselle, dessécher, desservir, dessaisir, ressentir, pressentir.

T.

Jeter, acheter, projeter, coterie, loterie, bataille, bateleur, batelier, atelier, [atteler (v.)], abatis, guitare, atermoyer, aplatir, pelote, gargote, un potier, flétrir.

Flatter, flotter, garotter, égoutter, dégoutter, [dégoûter (donner du dégoût)], lutter, guetter, attrister, attiédir, attrouper, attaquer, attérer, s'attabler, battre, abattre, bretteur, assujettir, [sujétion] sottise.

Prosodie des désinences françoises.

COMME la prosodie de la langue françoise consiste principalement dans la manière de prononcer la *désinence* des mots, nous allons, d'après d'Olivet, donner le recueil de nos désinences, en indiquant la manière dont il faut les prononcer.

---

abe { *bref* Syllabe, arabe.
     { *long* crabe, astrolabe.

able { *bref* dans les adjectifs : aimable, capable, charitable, etc.
      { *long* dans les substantifs : câble, râble, fable, sable, diable, etc., excepté : table, étable, où cette désinence est moyenne : elle est longue dans les verbes suivans : il accable, il hable, il ensable.

abre *long* sabre, cinabre, il se cabre.

ace { *bref* glace, race, trace, audace, etc.
     { *long* dans : grâce, espace, je lace.

ache { *bref* vache, cache, tache (souillure), etc.
      { *long* dans : tâche (travail imposé), gâche, lâche, relâche, je fâche, je mâche.

acle { *moyen*, oracle, miracle, spectacle, etc.
      { *long* dans : la débâcle, il racle, il bacle.

acre { *bref* nacre, sacre, fiacre, acre, (s.), etc.
      { *long* dans : âcre (a.).

ade *bref* fade (a.), cascade, il s'évade, limonade,

adre { *long* cadre, escadre, etc., madré, encadré.
      { *bref* dans : ladre.

afre { *bref* balafre, safre, etc.
      { *long* dans : bâfre, âffres.

afle *long* rafle, j'érafle, etc., rafler, érafler,

age { *bref* cage, sage, nage, langage, sauvage, etc.
     { *long* dans : âge.

| agne | *bref* | campagne, montagne, Espagne. |
| | *long* | dans : je gagne, gagner. |

ague   *bref*   dague ; bague , vague.

aide   *bref*   aide , laide , roide (pron. *rède*).

aigne   *bref*   chataigne , il daigne , il saigne.

ail   *bref*   bail , ail , détail , travail , émail , etc.

| aille | *long* | paille, taille, écaille, etc., je *bâille* d'ennui.. |
| | *bref* | dans : médaille , je travaille , j'émaille , je détaille , je *baille* , (je donne).. |

| aillon | *long* | haillon , bâillon , nous taillons , nous raillons, etc. |
| | *bref* | dans : médaillon , bataillon , nous émaillons, nous détaillons, nous travaillons. |

aime   *bref*   j'aime (mot unique de cette désinence).

| aine | *bref* | graine, laine, plaine, aubaine, migraine, marraine, etc.; les adjectifs féminins : vaine, saine, humaine, prochaine, etc. |
| | *long* | dans : haine, gaine, chaine, faîne, je traine. |

| ait | *bref* | lait, attrait, parfait, il hait, etc. |
| | *long* | dans : il naît , il paît , il plaît. |

| aite | *bref* | traite, défaite, parfaite, (a. f.), elle est *faite*, je souhaite. |
| | *long* | dans : faîte (s.) |

| ale | *bref* | cigale, sale (a.), cale, gale (maladie), noix de *galle*, malle, salle (s). |
| | *long* | dans : hâle, pâle, mâle, râle, il râle. |

| ame | *bref* | dame, rame, lamé, trame, drame, il déclame, il diffame, il entame. |
| | *long* | dans : âme , blâme , infâme , il fe pâme , hier nous aimâmes. |

| amme | *bref* | gamme, programme, épigramme. |
| | *long* | dans : flamme. |

| ane | *bref* | cabane, organe, profane, cane (femelle du *canard*). |
| | *long* | dans : âne, crâne, les mânes, Diane, Ariane, Albane , brachmane. |

| anne | *bref* | panne, canne, une manne, Anne. |
| | *long* | dans : de la *manne*, Marianne, Jeanne, je condamne. |

ape	{ bref long	pape, sape, cape, tape, etc. dans : râpe, râper.
apre	long	âpre, câpre.
aque	{ bref long	plaque, attaque, de la laque. dans : Pâque, Jacques.
ari	{ bref long	mari, un pari, la ville de Paris. dans : hourvari, marri (a.), équai
as	long	gras, tas, ses, pas, las, cas, as) de ce dernier mot), etc.

asse { bref bécasse, carcasse, potasse, brasse, crasse, masse (tas ; ou, massue), de la *chasse*, hommasse, j'emt veut que je *fasse*.

long dans : basse (instrument de musique (à reliques) màsse (terme de je *casse*, classe, tasse, nasse, passe, savantasse. Elle est longue dans tifs féminins : basse, grasse, la ces verbes : il amasse, il encl compasse, il casse, il sasse, il dans le singulier du présent relati jonctif des verbes en *er*, il vo *j'aimasse*.

at	{ bref long	plat, éclat, chocolat. dans : bât, mât de vaisseau, app. on vouloit qu'il *chantât*.
ate	{ bref long	date du mois, datte (fruit), automate de la ouate. dans : pâte, hâte, il gâte, il mâte, l *chantâtes*, vous *aimâtes*, etc.
âtre	{ long bref	pâtre, âtre, théâtre, marâtre, acariâ dans le seul mot : *quatre*.
ave	{ long bref	brave, concave, lave, grave, escla dans : rave, cave, je pave, je grave homme, [un homme brave].
avre	long	havre, cadavre, je navre.
êble èbre èce	} bref	hièble, funèbre, nièce, la Grèce.

èche	*bref*	flèche, mèche, crèche, brèche, sèche (a. f.), calèche, bobèche, il pèche (de *pécher*, commettre un *péché*), flammèche.
	long	bêche, pêche, il pêche (de *pécher*), drèche, revêche, dépêche, prêche, il prêche.
ècle **ède**	*brefs*	siècle, tiède, remède.
effe	*long*	greffe.
èfle	*long*	nèfle.
	bref	trèfle.
ège	*moyen*,	privilège, collège, sacrilège, siège ; neige, beige.
ègne	*bref*	règne, duègne ; peigne, enseigne, qu'il *feigne*.
ègre	*bref*	nègre, intègre.
ègue	*bref*	bègue, collègue, il allègue.
eine	*bref*	peine, veine, haleine.
	long	dans le seul mot *reine*.
èle	*long*	frêle, grêle, pêle-mêle, mouton qui *bêle*, poêle, zèle.
	bref	dans : modèle, fidèle.
elle	*bref*	rebelle, échelle, libelle, voyelle, moelle, écuelle.
eme	*long*	même, blême, extrême, suprême, système, problème, stratagème, thème, emblème, etc.
	moyen,	dans : de la crème.
	bref	dans : il sème, *dilemme*.
ene	*long*	chêne, gêne, rênes, scène, arène, etc., Athènes, Mécène, etc.
	bref	dans : ébène, phénomène, étrenne, garenne, qu'il prenne, etc.
epe	*long*	une guêpe, un crêpe.
epre	*long*	vêpres (s. pl.).
	bref	la lèpre.
èque	*bref*	bibliothèque, hypothèque, pastèque, arèque, intrinsèque.
	long	dans : évêque, obsèques, (s. pl.)
ère	*moyen*,	père, mère, frère, il n'en faut *guère* (adv.), sincère, j'espère, etc.
	long	dans la 3e. personne plurielle de l'aoriste : ils *allèrent*, ils *parlèrent*, ils *menèrent*, etc.

E

| erre | { long | le fléau de la *guerre*, tonnerre. |
| | { bref | au commencement des mots, où les deux *rr* se prononcent ; comme dans : erreur, terreur, errata, erroné. |

| esse | { bref | tresse, paresse, caresse, tendresse, richesse, vîtesse, etc. |
| | { long | dans : abbesse, professe, compresse, expresse, (a. f.), presse, cesse, il s'empresse, il professe, il confesse. |

| et | { bref | cadet, bidet, sujet, hochet, foret (instrument pour *forer*), et (conjonction). |
| | { long | arrêt, benêt, genêt, prêt, apprêt, acquêt, intérêt, protêt, têt, forêt (bois), il *est* heureux. |

| ete | { bref | prophète, comète, interprète, poète. |
| | { long | bête, tête, fête, crête, quête, tempête, conquête, requête, *arrête! arête* de poisson, arbalète, un *homme honnête* ; [mais quand l'adjectif *honnête* précède son substantif, alors sa désinence se prononce brève : un *honnête homme*]. |

| etre | { bref | mètre, diamètre, il pénètre. |
| | { long | être, hêtre, guêtre, prêtre, fenêtre, champêtre, chevêtre, salpêtre, ancêtres, je me *dépêtre*, il s'*empêtre*. |

| eve | { moyen | fève, brève (a. f.) il se lève, il achève, il crève. |
| | { long | dans : trève, grève, il rêve, rêver, je rêvois. |

| eûle | { bref | seule (a. f.), gueule. |
| | { long | meule, veule (s.). |

| eune | { bref | jeune (a.). |
| | { long | jeûne (s.), il déjeûne. |

| èvre | moyen | lèvre, chèvre, lièvre, orfèvre. |

| ible | { bref | visible, terrible, comestible. |
| | { moyen | crible, bible. |

| idre | long | cidre, hydre. |

| ige | moyen | tige, litige, prodige, il oblige. |

| ile | { bref | mobile, habile, fertile, facile, ville, pupille, idylle, sibylle. |
| | { long | île, file, pile, bile, vile (a. f.), huile, tuile, style, chyle. |

E

ime { bref   lime, rime, sublime, etc.
     { long   abîme, dîme, cime ; et dans ces pluriels de
              l'aoriste : hier nous vîmes, nous dîmes, etc.

ire { moyen, sire, empiré, écrire, il soupire.
    { long   à l'aoriste : hier ils firent, ils virent, ils dirent.

isse { bref   écrevisse, pelisse, réglisse, etc.
     { long   à l'aoriste : il vouloit que je fisse, que je
              disse, etc.

it { bref   lit, esprit, habit, récit, etc.
   { long   au subjonctif ; je voulois qu'il dît, qu'il fît,
             qu'il rît, etc.

ite { bref   élite, mérite, visite ; mite.
    { long   dans : gîte, vîte (a.), et à l'aoriste : hier
             vous fîtes, vous vîtes, etc.

itre { bref   vitre, titre, nitre, etc.
     { long   huître, épître, bélitre.

ive { bref   olive, rive, endive, grive, salive, gencive,
    {   lessive, etc.
    { long   dans les adjectifs féminins : tardive, plaintive,
             craintive, captive, juive, etc.

ivre   long   givre, ivre, vivre, cuivre.

obe { bref ouvert : robe, il gobe, il dérobe.
    { long ouvert, dans : globe, lobe, ils gobent, ils dérobent.

oce   bref   noce, négoce, sacerdoce, précoce, féroce,
             atroce, etc.

ode { bref ouvert : mode, ode, commode, antipode.
    { long fermé, dans : il rôde, rôder.

oge { bref ouvert : éloge, horloge, il loge, il déroge.
    { long ouvert, dans : le Doge, ils logent, ils dérogent.

ole { bref ouvert : école, idole, parole, sole, boussole,
    {   babiole, il cajole, etc.
    { long fermé, dans : rôle, drôle, pôle, môle, contrôle,
             geôle, il enrôle, il frôle, il enjôle.

ome { long fermé : fantôme, diplôme, symptôme, dôme,
     {   je chôme, (je me repose) tome, idiome,
     {   atome, axiome, épitome.
     { bref ouvert, dans Rome, économe.

one { long fermé : cône, prône, trône, aumône, le Rhône ;
     {   zone, amazone, matrone, anémone, la
     {   Saône.
     { bref ouvert, dans : monotone, décagone, polygone.
             Verone, Savone, Bellone ; automne (pr.
             axonne).

os   *long fermé* : os, dos, clos, repos, propos, héros, nos, vos, etc. Dans les noms propres de cette désinence, l'*o* est également long, mais il est un peu moins fermé, et l'*s* finale se prononce : Minos, Samos, Lemnos, Lesbos, Délos, Argos, Colchos, Atropos.

osse   { *long fermé* : grosse, fosse, endosse, il désosse, fossé, grosseur.

        bref ouvert, dans : bosse, rosse, brosse, crosse, cosse, carrosse, Ecosse.

ot   { *bref ouvert* : lot, mot, sot, cachot, canot, écot, gigot, complot, dévot, bigot, cagot, tripot, rabot, sabot, pavot, pilot.

        long fermé : rôt, (rôti), impôt, dépôt, suppôt, prévôt, entrepôt, bientôt, tantôt, il clôt, il éclôt.

ote   { *bref ouvert* : note, cote, vote, rote, prote, capote, carote, pelote, anecdote.

        long fermé, dans : hôte, côte, maltôte, j'ôte.

oude   { *long*   coude, soude.

        bref   dans : je boude.

oule   { *bref*   poule, boule, ciboule.

        long   dans : moule, soûle (a. f.), ampoule, houle, il roule, il écroule, il foule.

ousse   { *bref*   mousse, housse, trousse, gousse, secousse, rousse (a. f.), je tousse.

        long   dans : je pousse, pouce, douce (a. f.).

out   { *bref*   bout, tout.

        long   dans : goût, coût, ragoût, août, égout, il bout.

oute   *long*   croûte, voûte, je goûte, il coûte, joute, absoute, j'ajoute, il broute.

outre   { *bref*   outre, loutre.

        long   dans : poutre, coutre, j'accoutre.

uche   { *bref*   ruche, cruche, autruche, merluche.

        long   dans : bûche, embûche.

ude   *bref*   prude, rude, solitude.

uge   *moyen*, juge, déluge, refuge.

ule   { *bref*   mule, férule, pinule.

        long   dans : je brûle.

ume	{ bref	plume, rhume, brume, écume, légume.
	{ long	dans les aoristes : hier nous *reçûmes*, nous *pûmes*, etc.
uce	bref	puce, astuce.
usse	{ bref	la Prusse, un Russe.
	{ long	dans ces temps du subjonctif : il vouloit que je *pusse*, que je *fusse*, etc.
ut	{ bref	but, début, tribut, rebut, hier il *fut*, il *vécut*, il *sut*, il *parut*, etc.
	{ long	dans : fût (s.), affût ; et dans ces temps du subjonctif ; je voulois qu'il *fût*, qu'il *sût*, qu'il *parût*, qu'il *vécût*, etc.
ute	{ bref	brute, chute, minute, dispute, butte.
	{ long	dans : flûte ; et dans les aoristes : hier vous *lûtes*, vous *sûtes*, vous *plûtes*, etc.

NOTE qui se rapporte à la page 19 *de la Grammaire.*

Nos idées sont les images, les representations que notre esprit se forme des objets extérieurs, d'après les impressions qu'ils font sur nos sens : car nos sens sont le seul vehicule, les seuls canaux par où notre esprit reçoit les idées ; nulle idée n'y existe qu'elle n'y soit entrée par quelqu'un de nos sens. A circonstances d'ailleurs égales, moins un homme a de sens, moins il a d'idées : un aveugle de naissance n'a aucune des idées que nous recevons par le sens de la vue, telles que les idées des couleurs, de la lumière, de l'obscurité, de la perspective. Un sourd de naissance ne peut recevoir aucune idée des sons, du bruit, de l'harmonie ; on tâcheroit en vain d'expliquer à un aveugle-né ce que c'est que les couleurs, à un sourd et muet ce que c'est que les sons, il est physiquement impossible qu'ils nous entendent, et qu'ils se fassent une idée même imparfaite de ces objets.

Je crois qu'un homme qui auroit le malheur d'être né à-la-fois *aveugle* et *sourd*, c'est-à-dire, privé des sens de la *vue* et de l'*ouie*, se trouveroit nécessairement réduit à un état d'imbécillité absolue, approchant celui de l'huitre, ou de tel autre animal réduit par sa nature aux seules sensations que peuvent procurer les sens du *toucher*, du *goût*, et de l'*odorat*.

NOTE qui se rapporte a la page 21 *de la Grammaire.*

La *parole* est cette faculté, cette puissance que l'homme tient immédiatement de l'auteur de son être, de communiquer à ses semblables ses idées et ses sentimens par le moyen des sons de la voix. Le *langage* est la faculté de parler mise en activité par l'adoption d'une langue, c'est-dire, d'un système de sons vocaux, destiné à la communication des idées et des pensées. L'auteur de la nature a gratifié l'espèce humaine du privilége de la parole, mais il ne lui a imposé aucune langue particulière : les langues particulières sont l'ouvrage immédiat de l'homme. Il semble que Dieu ait dit à l'homme, *parle*, mais fais toi-même ta langue. La *parole* est *naturelle* à l'homme, mais les *langues* sont *artificielles*, puisqu'elles sont l'ouvrage des hommes et non de la nature.

Une preuve invincible que le langage est artificiel et de convention, c'est que, quoique *tous* les hommes parlent, cependant chaque peuple parle une langue différente. La faculté de parler est naturelle à l'homme, puisque nous naissons tous capables d'acquérir une langue quelconque; mais nous n'acquérons en effet l'habitude d'une langue que par le commerce et la société avec d'autres hommes qui parlent cette langue. La *parole* est un *don* de Dieu; le *langage* est un *art* que nous acquérons. — Les animaux d'une même espèce parlent entre eux une sorte de langage; mais ce langage leur est vraiment naturel, puisque *tous* les individus de ces espèces le parlent et l'entendent sans l'avoir appris, et par une suite nécessaire de leur organisation. On pourroit comparer le langage des animaux et celui des hommes aux ouvrages que font les uns et les autres. Les animaux construisent leurs ouvrages *naturellement*; comme, par exemple, les oiseaux leurs *nids*, les abeilles leurs *cellules*, les castors leurs *digues*, etc. Ces animaux, en construisant ces ouvrages, suivent purement leur instinct. Ils n'ont pas besoin d'*apprendre* à les faire; l'art leur en est *inné*, car ils les font aussi parfaits la première que la centième fois. Ce n'est pas l'esprit qui les dirige dans leur ouvrage, c'est l'instinct; aussi les font-ils toujours les mêmes, sans jamais y rien changer, sans y rien perfectionner: eh! qu'y pourroient-ils perfectionner! l'ouvrage immédiat de la nature n'est-il pas la perfection même? — Or la même différence qui existe entre les ouvrages que les *animaux* font par *instinct*, et ceux que l'*homme* fait par *art*, existe entre leurs langages: celui des animaux est naturel, celui des hommes est artificiel. L'ouvrage immédiat de la nature est *parfait*, l'ouvrage immédiat de l'homme est *perfectible*. Voilà pourquoi les langues, étant des ouvrages *artificiels*, approchent plus ou moins de la perfection suivant qu'elles sont parlées par des peuples plus ou moins avancés dans la civilisation et dans la culture des arts et des sciences: car l'art de parler est un de ceux qui se perfectionne le plus lentement et le plus tard.

Mais antérieurement à toute langue artificielle, les hommes ont, ainsi que les animaux, une sorte de langage naturel, qui a cette analogie avec celui des animaux, qu'il nous sert entre nous, comme le leur sert entre les individus d'une même espèce, à exprimer les différentes émotions de notre *sensibilité*, de notre *âme*: ce langage consiste dans les cris, les gémissemens, les pleurs, le rire, les gestes, etc. par lesquels s'expriment les différentes émotions de la douleur, de l'effroi, du plaisir, de la joie, etc. Ce langage est commun à tous les hommes; car, chez tous les peuples, le *rire*, par exemple, exprime la joie, le plaisir; les *pleurs*, les *gémissemens* expriment la douleur, le chagrin, etc. Certains cris signifient l'effroi; d'autres, la surprise, etc. Il y a même dans toutes les langues une certaine espèce de mots exclamatifs, appelés *interjections*, que l'on peut regarder comme des mots, ou plutôt comme des accens de ce langage naturel; car ces mots expriment non des *idées*, ou des vues de notre *esprit*, mais différentes émotions de notre *âme*, de notre *sensibilité*; et ce qu'il y a de remarquable, c'est que les mots de cette espèce se ressemblent à-peu-près dans toutes les langues, et quant à leur sens et quant à leur matériel.

F I N.

TABLE.

FIN DE LA TABLE.